装备保障仿真应用研究系列丛书

装备保障仿真构件技术研究

徐雪峰　杜晓明　冯书兴　于同刚　著

国防工业出版社

·北京·

内 容 简 介

  作者长期从事软件工程和装备保障仿真领域的教学科研工作，本书是作者理论探索和工程实践的结晶，能够为在装备保障仿真领域应用构件化软件开发技术，提供理论指导和实践支撑。

  本书按照装备保障仿真构件模型定义、构件生产、构件管理、构件复用和运用对策的基本思路，提出了装备保障仿真中应用构件技术、提高装备保障仿真系统开发效率的技术和管理体系，并在装备保障仿真平台等多个项目中得到应用实践，取得了良好的军事和经济效益。

  本书可用作军事装备学学科领域研究生学习参考，也适合装备保障仿真领域研究和教学人员参考使用。

图书在版编目（CIP）数据

装备保障仿真构件技术研究 / 徐雪峰等著. —北京：
国防工业出版社，2018.2
ISBN 978-7-118-11542-0

Ⅰ. ①装… Ⅱ. ①徐… Ⅲ. ①军事装备－装备保障－
仿真系统－研究 Ⅳ. ①E246

中国版本图书馆 CIP 数据核字（2018）第 043263 号

※

*国防工业出版社*出版发行

（北京市海淀区紫竹院南路 23 号　邮政编码 100048）
三河市众誉天成印务有限公司
新华书店经售

*

开本 710×1000　1/16　印张 8¾　字数 175 千字
2018 年 2 月第 1 版第 1 次印刷　印数 1—2000 册　定价 45.00 元

（本书如有印装错误，我社负责调换）

国防书店：(010)88540777　　发行邮购：(010)88540776
发行传真：(010)88540755　　发行业务：(010)88540717

《装备保障仿真应用研究系列丛书》

编 委 会

序

  装备保障是部队保持和恢复战斗力的重要支撑，随着我军机械化、信息化复合式发展取得重大进展，现代装备新技术密集，复杂程度迅速提高，对装备保障工作提出了更高要求。装备保障已成为事关军事斗争准备和军队建设的战略问题，它是军队建设的重要基础，直接影响部队全面建设的质量；它是装备建设的重要组成部分，贯穿于装备全寿命管理之中，直接影响装备建设的效能；它是部队战斗力的重要因素，贯穿于战斗力形成的全过程之中，直接影响作战的成败。部队装备保障是装备保障的出发点和落脚点，在信息化条件下，面对如何科学合理建设部队装备保障系统、优化设计部队装备保障力量、准确制定装备保障方案、高效实施装备保障指挥与行动等现实问题，迫切需要一种科学高效的工程方法来提供技术手段支撑。仿真技术作为继理论研究、科学实验之后第三种认识客观世界的手段，为全系统、全寿命研究部队装备保障问题提供了一种新的途径。在装备保障研究领域，扎实推广先进仿真建模理论与方法、仿真系统与技术以及仿真应用工程技术，深入开展装备保障仿真技术创新研究，必将深化装备保障在系统论证、试验、使用及人员训练等各个层次的研究工作，取得显著的军事经济效益和社会效益。

  纵观外军几十年在装备保障仿真技术领域的研究与实践，在装备全寿命周期的不同阶段，建模与仿真技术在装备保障特性的论证、设计与验证，作战与保障方案验证与评估，装备保障系统全面建设以及装备维修保障训练中得到了广泛应用，充分发挥了它对装备保障技术研究的推动作用。我军在装备保障领域开展仿真研究起步较晚，直至 20 世纪 90 年代海湾战争后，才逐步认识到装备保障在部队战斗力生成与保持中的重要作用，由此开始科学开展装备保障仿真研究，现在正朝着系统化、体系化和标准化的方向发展。原总装仿真专业组针对我军装备保障领域对仿真技术应用的迫切需求，结合装备保障的专业特点及其技术内涵，系统构建了包括"应用仿真技术""基础仿真技术""使能技术仿真"和"系统与支撑技术"在内的装备保障仿真技术体系，规划了中长期装备保障仿真技术发展路线，为装备保障仿真的长远发展奠定了基础。

  长期以来，部队装备保障仿真一直是军械工程学院军事装备学学科的重要研究领域，在效能评估、模拟训练、兵棋推演等装备保障应用方向，该学科承担了多项全军重大科研任务，积累大量科研成果与实践经验。科研教学相长，围绕分布式建模与仿真技术，为本科生、硕士研究生和博士研究生开设了"复杂系统建模与仿真""现代作战仿真"等相关课程，有力提升了院校研究生的科研学术层次。依托多期军队"2110 工程"重点实验室建设，建成了"装备保障仿真实验室"，为更深入地开展部队装备保障仿真研究奠定了扎实的环境基础。为了更好地让仿真技术应用服务于部队装备保障，满足当前我军装备保障信息化、智能化、精确化的发展需要，结合多年教学与科研心得，我们完成了"装备保障仿真应用研究系列丛书"，旨在与大家分享、交流与提高。

丛书紧紧围绕部队装备保障工作，从基础、方法、应用三个层面，面向装备保障指挥、装备技术保障、供应保障等部队装备保障业务，对分布式仿真技术在部队装备保障中的应用展开了探索性研究。丛书分为三部分共八册，其中基础部分包括《装备保障仿真概论》，系统阐述了部队装备保障仿真的基本概念、内涵、分类及复杂系统建模理论与方法；方法部分包括《装备保障仿真概念模型理论与方法》《装备保障仿真智能指挥实体建模方法》《基于 MDA 的联邦式装备保障建模仿真技术》《装备保障仿真构件技术研究》四册，主要采用分布式仿真技术，结合部队装备保障业务特点，对概念建模、智能体建模、模型重用、模型构件等关键仿真技术展开了深入探讨；应用部分包括《基于仿真的装备保障效能评估》《陆军装备保障模拟训练》《陆军装备保障兵棋推演》三册，对装备保障分布式仿真在装备保障效能评估、模拟训练、兵棋推演三个应用方向的应用过程及发展趋势展开了讨论。丛书研究对象针对性强，业务特点明显，三大应用方向也体现了当前我军部队装备保障应用研究热点，在部队装备保障实践与装备保障理论方法之间架起了桥梁。装备保障仿真研究领域交叉宽广，仿真技术也复杂多样，丛书所针对的部队装备保障分布式仿真应用研究只是装备保障仿真研究领域的冰山一角，国内外关于作战仿真的著作较多，但专门以部队装备保障为对象的研究书作不多。作者衷心希望丛书的出版能对装备保障的仿真研究起到添砖加瓦作用，由于研究者水平有限，对部分有争议问题，大胆发表了一家之言，意在抛砖引玉。

本丛书部分得到了"2110 工程"专项经费资助，军械工程学院贾希胜教授、朱元昌教授、李荣盛大校、程中华教授和国防工业出版社对本丛书的编著与出版给予了极大的关心、支持和帮助，作者借鉴或引用了有关专家的论文和著作，在此一并表示衷心的感谢！

水平和时间所限，不妥之处难免存在，敬请批评指正。

《装备保障仿真应用研究系列丛书》编委会

2017 年 1 月

前　　言

　　如何在和平时期更加有效、经济、安全地提高装备保障部队的训练水平，战时全力发挥装备保障力量的服务支撑作用保障作战部队获得战场胜利，是装备保障研究和实践领域高度关注的问题。装备保障仿真，是理论推理和科学实验之后第三种认识和研究陆军装备保障法、指挥决策、装备管理和装备保障实施的重要手段。把先进的"基于构件的软件开发方法"引入装备保障仿真领域，形成"基于装备保障仿真构件的仿真系统开发方法"，是装备保障仿真研究发展的重要方向。在研究"基于构件的软件开发方法"的基础上，本书结合装备保障仿真领域的实际情况，围绕形成"基于装备保障仿真构件的仿真系统开发方法"这一目标，对装备保障仿真构件关键技术展开了研究。

　　（1）研究并提出了装备保障仿真软件构件模型及其标记语言，即聚合级构件模型 ALCM 和聚合级构件标记语言 ALCML。在领域共性点和差异点分析的基础上，完成了聚合级构件 ALC 的定义、物理构成、逻辑构成、描述、组装和管理的分析。结合 XML，定义了 7 种主类型和 11 种基础类型的语言元素，形成了聚合级构件标记语言 ALCML。这两方面工作的完成，为后续的装备保障仿真软件构件的生产、装备保障仿真软件构件库系统的设计和装备保障仿真软件构件的复用 3 项活动打下了坚实的基础。

　　（2）研究了装备保障仿真领域的划分和装备保障仿真领域工程方法，提出了装备保障仿真软件构件的生产方式。首先分析了装备保障仿真的应用领域和层次，总结了装备保障仿真领域的特点，提出了装备保障仿真领域划分的原则，从纵向和横向两个方向对装备保障仿真领域实施划分，获得了垂直和水平两个子领域集。接着针对目前常规领域工程方法的不足，以 ALCM 为基础，综合应用面向实体的需求分析方法和面向对象方法，从方法基础、人员组织模式、产品形式 3 个方面入手对常规领域工程方法进行改进，形成了装备保障仿真领域工程方法。在信息支援和保障子领域，应用装备保障仿真领域工程方法实施分析，演示了装备保障仿真软件构件的生产过程。

　　（3）研究了装备保障仿真软件构件库系统的逻辑设计和物理设计，构建出装备保障仿真软件构件库系统原型。基于 ALOAF 和 ALCML，应用 CORBA、数据库等成熟的技术，构造了一个能跨越异构平台、结构开放的支持装备保障仿真系统开发所有环节复用的分布式构件库系统框架。核心操作流程研究对装备保障仿真软件构件从入库到被用户使用所需经过的构件描述与分类、验证、存储、检索、评估与反馈等阶段采用的方法和技术进行了确认。在此基础上物理设计明确了装备保障仿真软件构件库系统的拓扑结构、管理系统的组成和层次、CORBA 对象类的划分和部署。

（4）研究了装备保障仿真系统通用框架、装备保障仿真软件构件的复用过程、基于 ALCM 和 ALCML 的装备保障仿真软件构件组装，形成了装备保障仿真软件构件复用的方法。基于 HLA 和 ALCM 构建了装备保障仿真系统通用框架，从联邦框架和联邦成员框架两个层面规范了装备保障仿真系统的总体结构和构成成分，为装备保障仿真软件构件的复用活动提供了切入的时机和位置。应用喷泉模型和软件开发过程元模型，在面向对象的软件开发过程与联邦开发和执行过程 FEDEP 的基础上，增加构件复用活动，定义了装备保障仿真软件构件的复用过程，并详细地分析了装备保障仿真软件构件复用过程中各个阶段的活动内容和构件组装的时机与位置。在分析装备保障仿真软件构件的组装范围和各阶段组装性质的基础上，基于 ALCM 和 ALCML，研究了装备保障仿真软件构件的复用过程中各阶段的构件组装策略，以及具体的构件组装推导和组装实施活动。

（5）研究了装备保障仿真软件构件技术的发展策略，形成了实用、融合和分散三项基本原则，提出了复用制度化、推动组织结构变革、对复用活动进行投资、从非正式复用向正式复用逐步过渡、发展新型构件模型 5 个发展方向和对策。

在本书的构建和撰写过程中，参考了国内外大量著作和文献；本书的出版，也得到了荆楚理工学院和陆军工程大学石家庄校区的大力支持和帮助。在此，一并致以深切的谢意。

由于作者水平有限，书中难免有不妥之处，热切期望得到专家和读者的批评指正。

作　者
2018 年 1 月

目　　录

缩 略 语

ALCM	Aggregate Level Component Model（聚合级构件模型）
ALCML	Aggregate Level Component Mark Language（聚合级构件标记语言）
ALC	Aggregate Level Component（聚合级构件）
ALOAF	Asset Library Open Architecture Framework（开放体系结构的构件库框架）
BOM	Base Object Model（基础对象模型）
COTS	Commercial Off-The-Shelf（基于商用现成）
CASE	Computer Assisted Software Engineering（计算机辅助软件工程）
CBSD	Component-Based Software Development（基于构件的软件开发）
COM	Component Object Model（组件对象模型）
CCM	CORBA Component Model（CORBA 构件模型）
CLS	Component Library System（构件库系统）
CLMS	Component Library Management System（构件库管理系统）
CSWS	Composable Space War-gaming System（构件化装备保障模拟系统）
CORBA	Common Object Request Broker Architecture（公共对象请求代理体系结构）
DMSO	Defence Modeling and Simulation Office（美军建模与仿真办公室）
DTD	Document Type Definition（文档类型定义）
DSSA	Domain Specific Software Architecture（领域构架）
DLL	Dynamic Link Library（动态链接库）
DIS	Distributed Interaction Simulation（分布式交互仿真）
EJB	Enterprise JavaBeans（企业 JavaBeans）
FCM	Federation Conceptual Model（联邦概念模型）
FODA	Feature-Oriented Domain Analysis（面向特征的领域分析方法）
FEDEP	Federation Development and Execution Process（联邦开发和执行过程）
FED	Federation Execute Data（联邦执行数据）
FOM	Federation Object Model（联邦对象模型）
GML	Generalized Markup Language（通用标记语言）
HLA	High Level Architecture（高层体系结构）
ISO	International Organization for Standardization（国际标准化组织）
JBCM	Jade Bird Component Model（青鸟构件模型）

（续）

JBCLMS	Jade Bird Component Library Management System（青鸟构件库管理系统）
MDA	Modeling Driven Architecture（模型驱动体系）
MathML	Math Mark Language（数学标记语言）
MFC	Microsoft Foudation Class（微软基础框架库）
NATO	North Atlantic Treaty Organization（北大西洋公约组织）
OMT	Object Modeling Technology（对象建模技术法）
OOA	Object-Oriented Analysis（面向对象的系统分析）
OOD	Object-Oriented Design（面向对象的系统设计）
OMT	Object Model Template（对象模型模板）
OMG	Object Management Group（对象管理集团）
PIM	Platform-Independent Model（平台无关模型）
RIG	Reuse Library Interoperability Group（复用库可互操作性组织）
REBOOT	Reuse Based on Object-Oriented Techniques（基于面向对象技术的复用）
SOM	Simulation Object Model（成员对象模型）
SCM	Simulation Conceptual Model（成员概念模型）
SGML	Standard Generalized Markup Language（标准通用标记语言）
SBA	Simulation-based Acquisition（基于仿真的采办）
STARS	Software Technology for Adaptable Reliable System（应用于可扩展和可信赖系统的软件技术）
SMIL	Synchronized Multimedia Intergration Language（多媒体同步集成语言）
SISO	Simulation Interaction Standard Organization（仿真互操作标准化组织）
UMD	Uniform Data Model（数据模型）
UML	United Model Language（统一建模语言）
WML	Wireless Mark language（无线应用协议标记语言）
XML	Extensible Mark Language（可扩展标记语言）
3C	Concept, Content, Context（概念，内容，语境）

第1章 绪　　论

1.1　研究的背景与意义

1.1.1　研究的背景

1. 装备保障仿真成为研究装备保障的重要手段

如何在和平时期更加有效、经济、安全地提高装备保障部队的训练水平，战时全力发挥装备保障力量的服务支撑作用保障作战部队获得战场胜利，是装备保障研究和实践领域高度关注的问题。装备保障仿真，是理论推理和科学实验之后第三种认识和研究陆军装备保障法、指挥决策、装备管理和装备保障实施的重要手段。

装备保障仿真是通过建立装备保障过程中的系统、过程、现象和环境的模型（物理模型、数学模型或其他逻辑模型），在一段时间内对模型进行操作，应用于系统的测试、分析和人员训练的一种活动。装备保障仿真，是理论推理、科学实验之后第三种认识和研究装备保障的重要手段，成为面对目前挑战的有效工具。

2. 装备保障仿真模型开发任务繁重

仿真是一种基于模型的活动。模型开发的工作量，一般占整个仿真系统开发工作量的 80% 以上。随着装备保障仿真系统的不断扩大和完善，模型的开发任务越来越繁重。

在装备保障仿真领域，建模的范围涉及武器装备建模、指挥控制建模、行动建模、装备保障建模和作战环境建模等；从作战的角度看模型的层次有战略级、战役级和战术级之分；从装备的角度看模型又有元件级、部件级和系统级之分。模型的数量巨大。

同时，在装备保障仿真领域，建模活动还存在诸多的不足之处。主要表现为：

（1）装备保障仿真模型可重用性、可移植性、可扩展性差，模型与仿真实验条件、运行参数耦合紧密，模型的独立性、可维护性差；

（2）装备保障仿真建模过程不注重模型表示，生成的模型不规范，缺少层次化、模块化建模思想，模型开发周期长。

上述问题，较为严重地制约着装备保障仿真模型和系统的开发。这些现象出现的原因，在于装备保障仿真系统的开发过程中，前期缺少标准对仿真模型进行规范，后期缺少对仿真模型的有效管理。

3. 基于构件和构件库是减小模型管理难度和提高模型复用率的重要出路

快速、高质量地开发装备保障仿真系统，要求提高模型的复用率。在装备保障仿真中，模型管理难，模型复用率低，根本原因是模型开发的载体不够完善。

当前，基于构件开发业务模型，构建领域构件库，以构件库为基础开发软件应用系统成为软件开发的主流。为了提高装备保障仿真模型和系统的开发效率，将先进的构件库技术引入装备保障仿真领域，以构件作为模型开发的基础，用构件库管理构件，减小模型管理难度，提高模型复用率，是装备保障仿真进一步发展的重要出路。

4. 装备保障仿真构件将成为装备保障仿真的核心设施之一

装备保障仿真的目标就是根据装备保障研究的需要，快速有效地搭建装备保障仿真系统，进行装备保障理论的研究、人员的训练和装备建设的论证等。随着软件技术的发展，特别是面向对象技术、构件技术的逐步发展，面对迅速开发装备保障仿真系统，构建可复用构件的巨大压力，基于装备保障仿真构件系统，集成构件搭建装备保障仿真系统，将成为未来装备保障仿真系统开发的主要模式，装备保障仿真构件库系统也将成为装备保障仿真的核心设施之一。

1.1.2 研究的意义

1. 进一步充实和完善装备保障仿真的理论和方法

装备保障仿真构件技术研究，围绕形成完善的"基于装备保障仿真构件的仿真系统开发方法"这一目标，重点研究规范化描述构件、管理构件和复用构件等内容，这些是装备保障仿真理论研究的重要组成部分。针对构件开发任务重，构件共享难，实用的构件库系统建立困难的问题，随着装备保障仿真构件关键技术研究的深入，一旦在装备保障仿真构件模型、装备保障仿真构件的生产、装备保障仿真构件库系统设计、装备保障仿真构件的复用等方面的研究上有所突破，将进一步充实和完善装备保障仿真的理论和方法。

2. 推动装备保障仿真构件库的建立

从目前作战仿真构件库以及装备保障仿真构件库的建设来看，与当前仿真系统开发的需求还有较大的差距，还没有能实际应用的、能对某一作战领域仿真系统开发起到较大促进作用的构件库系统。装备保障仿真构件库基本还处于理论研讨阶段，没有把最新的软件技术和信息技术引入到构件的管理中。装备保障仿真构件技术研究，将深入研究装备保障仿真构件模型、装备保障仿真构件库系统设计、装备保障仿真构件的复用，这些研究结果和构件库系统的设计和实现有着紧密联系，将推动装备保障仿真构件库系统的建立。

3. 提高装备保障仿真系统的开发效率

装备保障仿真构件技术研究的重要内容就是构件模型，研究的结果将给装备保障仿真模型的开发和建立提供载体，使模型开发人员集中精力考虑任务领域内的问题，减轻模型开发人员的工作量。装备保障仿真构件库的建立，不可能使装备保障仿真系统的开发一蹴而就，使仿真系统的开发过程仅仅就是集成工作，但必将减少模型管理难度，提高模型的可复用性，使开发人员在装备保障仿真系统的开发过程中把注意力集中在特定领域问题的处理上。装备保障仿真构件复用过程的研究，将使开发人员有更加规范的开发过程。这 3 个方面的研究，将推动基于装备保障仿真构件的仿真系统开发方法的形成和完善，提高开发装备保障仿真系统的效率。

1.2　国内外研究现状

1.2.1　装备保障仿真的研究现状

1.2.1.1　装备保障

装备保障的定义决定了装备保障仿真所研究的军事问题的边界，明确装备保障的概念是开展装备保障仿真研究的前提。

1. 装备

装备是军事装备的简称，是战争和军队建设的重要物质基础，是实现军队暴力意志的基本物质手段，是决定战争胜负的重要因素之一。军事装备的不断发展，对军事及相关领域的影响日益广泛和深入，已成为衡量国防现代化和军队现代化水平的最重要的标志之一。

按照人们长期形成的习惯，普遍认为"装备"一词是军事专用术语。我国的《辞海》对"装备"一词的解释是：军队用于作战和作战保障的各种器械、器材等军事装备的统称。《中国人民解放军××》对"装备"一词的解释是："①用于作战和作战保障的武器、弹药、车辆、机械、器材、装具等的统称。②配发装备。如以某种武器装备部队。"《苏联军事百科全书》对"装备"一词的解释是："①各种武器和保障武器使用的器材的统称。包括：各军种分队、部队、兵团装备的武器（发射工具和弹药），武器导向、发射、控制系统及其他技术器材；②安装在坦克、战斗车辆、飞机、舰艇上的武器和仪器（坦克武器、舰艇武器等）；③国家军事技术装备数量增长和质量发展以及用它装备军队的过程。"《美国军事百科全书》对"装备"一词的解释是：装备是配发给个人或组织的一切用具，包括服装、工具、器皿、车辆、武器以及其他类似物品。

尽管以上各种解释有所不同，但基本含义是一致的。装备一词在我军军事术语中应用，一是作为名词应用，二是作为动词应用。在本书中只作为名词应用，即"是用于实施和保障军事行动的武器、武器系统和其他军事技术器材的统称。"主要指军事力量编制内的武器、弹药、车辆、机械、器材、装具等。

同装备相关的概念还有武器装备。《中国军事大百科全书·军事卷》称武器装备是"指武装力量用于实施和保障军事行动的武器、武器系统、军事技术器材的统称"。《中国人民解放军××××》则明确："装备是指实施和保障军事行动的武器、武器系统和军事技术器材等的统称"。显然，二者的内涵是完全一致的，仅仅是持有者的范围略有区别，这与概念的论域有关。因而，我们称武器装备，是用于编配军队以实施和保障作战行动的各种装置、器械、设备、器材的统称。它作为科学技术在军事领域的主要物化形式，是军事技术的主要载体；作为军人体能、智能的替代、延伸、拓展或发展，是军队战斗力的物质基础；作为军队行使暴力的工具，是具有特殊使用价值或流通机制的商品。

2. 装备保障

装备保障，是军队为使所编配的武器装备顺利遂行各种任务而采取的各项保障性措施与进行的组织指挥活动的统称，是装备工作的重要组成部分。此定义一是强调了装备保障的功能与目的，即服从并服务于军队建设和军事斗争对武器装备的需求。二是解释了装备保障的活动内容，各项保障性措施和组织指挥活动。三是说明了装备保障隶属关系，是装备工作的重要组成部分。

装备保障主要包括装备供应保障和装备技术保障两部分。

装备供应保障，是指军事装备的筹措、储备供应及弹药、维修器材的筹措与供应的各种活动的统称。它包括武器装备的验收、交接和弹药、维修器材的筹措及运输、储备和补给等活动。

装备技术保障，是指从装备接收到退役报废，为保证装备达到和保持规定技术状态所采取的管理和技术措施的总称。主要包括装备的技术管理、修理、技术保障安全、专业训练管理、科研和技术革新及信息资源保障等工作。

装备技术保障是从事装备工作的人和组织，运用保障装备、设施和相关资源，通过提供技术性服务或技术支援，保持或恢复装备良好状况，以确保军队作战、战备、训练和建设等军事活动对武器装备的需要。这里装备是装备技术保障的直接对象，保持恢复装备的良好状况是直接目的，军事活动是间接对象，确保军事活动对武器装备的需要是间接目的，也是根本目的。

装备技术保障是一个历史名词或专有名词，原指技术性保障工作，后来被广泛使用，其中包含了物资保障，这使概念产生一定程度的混乱，新的理论需要新的概念，采用装备保障这个名词能很好地包括装备物资保障和装备技术保障的内容，从而使装备技术保障回归原来的意义。

1.2.1.2 作战仿真

1. 系统仿真

1961 年，G.W.Morgenthater 首次对"仿真"进行了技术性定义，即"仿真意指在实际系统尚不存在的情况下对系统或活动的本质的实现"。1982 年，Spriet进一步将仿真的内涵加以扩充，定义为"所有支持模型建立与模型分析的活动即为仿真活动"。1984 年，Oren 在给出仿真基本概念框架"建模—实验—分析"的基础上，提出了"仿真是一种基于模型的活动"的定义，被认为是现代仿真技术的一个重要概念。

黄柯棣教授为系统仿真给出了一个较为全面的定义：仿真指建立系统、过程、现象和环境的模型（物理模型、数学模型或其他逻辑模型），在一段时间内对模型进行操作，应用于系统的测试、分析和人员训练，系统可以是真实系统或由模型实现的真实和概念系统。

综上所述，可以发现"系统、模型、仿真"三者之间有着紧密的联系。系统是研究的对象，模型是系统的抽象，仿真是通过对模型的实验以达到研究系统的目的。系统仿真有 3 个基本的活动，即系统建模、仿真建模和仿真实验，联系这 3 个活动的是系统仿真的 3 要素，即系统、模型、仿真工具（如计算机等），如图 1-1 所示。

图 1-1　系统仿真三要素和三项基本活动

2. 作战仿真

作战仿真，就是采用仿真实验的方法，定量地研究战略决策过程，研究战役、战术的作战本质、类型、特点、基本原则和组织实施方法等。

3. 作战仿真和作战模拟

作战仿真和作战模拟是两个比较容易混淆的概念。胡晓峰教授在其编著的《战争模拟引论》中谈到："……目前的状态是，在军界应用'作战模拟'更为普遍，并且带有很强的作战分析与博弈的意味，其目的性是很明显的；而在工程技术界，应用'作战仿真'则更多一些，更多的是环境、武器和行动的仿真，即如何'仿得像'。事实上，只要对所用的名词有准确地认识，'模拟'与'仿真'虽在词义上有细小的差别，但完全可以通用。"从本质上看，作战仿真和作战模拟是对同一种活动的不同提法，只是对活动所定义的范围有所不同。本书主要采用作战仿真的概念。

1.2.1.3　装备保障仿真

装备保障仿真，是以装备保障系统为研究对象，以相似性原理、军事运筹学、人工智能、计算机图形学、虚拟现实等技术为基础，建立装备保障力量实体、装备保障指挥实体、装备保障战场环境等作战要素和作战规则的模型，以计算机和专用设备为工具，对模型进行操作，研究装备保障的规律、原则和战法等的一种活动。

装备保障的特殊性决定了装备保障仿真与传统作战领域作战仿真之间存在较多的差异，主要体现在：

1. 从仿真对象的角度

装备保障仿真的对象是装备保障系统，其要仿真的实体众多，行动建模内容包括一般部队行动和装备保障专业行动，建立适用的、完备的系统模型非常困难。

2. 从建模方法的角度

传统作战领域的作战仿真技术，以兰切斯特方程、指数法、蒙特卡罗法等为理论基础，重点在于仿真武器装备的打击能力和战场毁伤评估，往往忽视信息、信息流和信息系统的建模仿真。信息、信息流和信息系统的工作原理、工作特点与传统武器装备有着明显的不同，在装备保障仿真中要求探索合适的方法对信息、信息流和信息系统进行建模，要体现基于信息系统的装备保障活动特点。

3. 从系统研制与维护的角度

装备保障力量的建设和装备保障理论的研究，还处于不断发展与完善之中，特别是军队重大变革时期这种特征更加明显，这导致装备保障仿真的系统需求具有易变性；装备保障与其他军兵种作战关系密切，要求装备保障仿真系统能够与其他作战领域的仿真系统实施协同仿真。需求的易变性、与其他作战领域仿真系统协同的要求，对装备保障仿真系统的互操作性、可重用性、可扩展性提出了迫切的要求。

1.2.1.4 装备保障仿真的研究现状

1. 国外研究现状

自仿真技术出现以来，以美军为代表的西方国家就开始将其用于装备保障研究中，经历了从集中式到分布式，从独立保障仿真到与作战仿真集成互联的发展历程。在这期间，美军将基于仿真的采办写入指令性文件，明确指出仿真结果可作为决策依据，这也极大促进了保障仿真的发展，各主要军事大国相继开发了大量装备保障仿真系统。下面对其中的典型仿真系统进行介绍。

LCOM（Logistics Composite Model）是兰德公司和美国空军后勤司令部联合开发的早期保障仿真系统，一开始用于仿真空军保障基地对于飞行大队的保障能力。随着 LCOM 仿真功能的不断完善，目前已可以支持多种类型的航空作战单元，以及多保障基地的复杂飞机装备保障过程的模拟，并能够确定基地保障资源的最优搭配，分析维修策略、备件数量等的变化对于保障能力的影响。在"沙漠风暴"实战中，LCOM 仿真系统的有效性得到了充分检验。图 1-2 为 LCOM 仿真模型。

LCOM 仿真系统的主要影响因素包括：维修数据、任务需求、任务时间、保障飞机所需的作业活动、飞机固有性能、功能系统可靠性、维修策略、涂层/密封修复时间、基地管线时间、飞机周转时间、备件数量、保障设备、设施、人力和其他资源、出勤率、出动时间、已部署飞机的数量、分散的工作位置、关键与非关键维修等；评价指标主要是飞机的战备完好性和任务持续性参数，人员需求、资源设施利用率等。

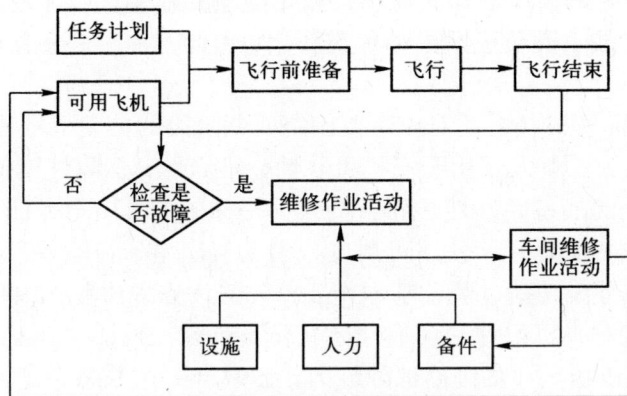

图 1-2　LCOM 仿真模型

　　同样是针对飞机保障问题，美国空军建模中心（AFMC）开发了一种早期保障仿真系统 SCOPE，可模拟航空作战单元从基层级保障到基地级保障的全过程，考虑的主要影响因素是各种保障策略，评价指标则是使用可用度。

　　除了美军之外，瑞典系统与后勤工程公司（SYSTECON）设计并开发了 OPUS 10 保障仿真系统，可用于模拟装备全寿命阶段的各种保障问题，能够对备件库存、维修策略等问题进行权衡分析，但没有描述装备执行训练或作战任务的能力，也不能评价针对具体任务的保障能力。此外，该公司还开发了 SIMLOX 保障仿真系统，该系统面向使用阶段的装备维修保障方案仿真评价问题，通过模拟故障装备的维修、备件保障等活动，为优化装备保障方案提出建议。SIMLOX 保障仿真系统的主要影响因素包括：备选保障机构、维修策略、系统设计参数、库存策略；评价指标重点关注系统的使用可用度，此外还包括能评价多个保障能力的综合评价指标，如任务成功率、保障资源利用率和短缺率等，还可通过多次仿真评价保障装备正常持续使用的平均保障概率。

　　荷兰空军与 TNO-FEL 公司合作开发了 SALOMO 后勤保障仿真系统，该系统主要面向平时飞机的使用维修保障活动，通过设定不同的仿真输入参数，模拟飞机使用与保障之间的过程，使得决策人员能够观察和分析各种保障资源、维修策略等如何影响飞机保障能力。SALOMO 仿真系统的影响因素主要是：影响空军基地建立的使用、准备、维修和备件供应等过程的参数，具体包括维修人员数量、轮班、故障概率、备件库存数量、飞行计划（如飞行波次和值班等）以及备件定购和故障装备的维修策略等；评价指标主要关心飞行员的飞行小时和飞机能执行任务率等，此外还能根据维修策略、当前位置、维修人员数量、备件数量等的影响，评价飞机的不能执行任务率，以及维修人员的使用率和不能执行任务率等。

2. 国内研究现状

根据 20 世纪末美军进行的几场高技术战争的启示，我军逐渐意识到装备保障工作在决定战争胜负成败中的关键作用，由此开展了装备保障仿真的研究工作。

"十五"以前，保障仿真的对象主要围绕研制阶段的单一型号装备展开。1991年北京航空航天大学开发了用于飞机可靠性、维修性、保障性模拟的仿真系统，提出了装备系统的战备完好性和任务持续性指标的仿真度量方法，其中战备完好性指标包括战备完好率、使用可用度、出动架次率、在航率，任务持续性指标包括单装的任务成功率，装备基本作战单元的任务成功率。1995 年空军装备研究院航空所针对飞机组件的可靠性展开仿真研究，设计并开发了飞机维修保障仿真系统，用于仿真评估维修保障能力。1997 年，由原总参谋部军训部牵头，国防大学及其他相关指挥院校等多家单位参与研发了面向陆军集团军战术作战的分布式交互仿真系统。以此次研究成果为基础，1999 年由原总参谋部军训部启动了"联合××"工程项目，其中陆军工程大学石家庄校区（原军械工程学院）承担了其中的装备保障仿真子系统开发。该保障仿真子系统不仅考虑了装备保障指挥在装备保障工作中的作用，还考虑了装备的补充、战时的抢修、以及专项保障等现实问题。

上述介绍的保障仿真系统都是根据作战仿真需求设计并开发的。"十五"期间，开始关心以装备质量特性为基础，面向使用阶段的装备保障仿真问题，此时的研究对象不再是单装，而变为了装备基本作战单元。在这期间，陆军工程大学石家庄校区（原军械工程学院）研究了飞机大型保障仿真系统，所考虑的主要影响因素包括：民机的可靠性、维修性、保障性等质量特性，以及故障发现时机、设备配置、改航策略、返航策略等参数，此外还考虑了调度原则、航线结构、飞机数量、气象条件、计划或非计划维修、备件数量等；评价指标则是营运出勤可靠度和航班可靠度。北京航空航天大学研究了基于任务牵引的装备保障仿真建模问题，开发了用于评价装备基本作战单元战备完好性的模拟仿真软件。国防科技大学深入研究了使用阶段的维修保障仿真建模与分析问题，设计并开发了分布式装备维修保障能力仿真评估系统，用于评价装备基本作战单元战备完好性和任务持续性参数。陆军装甲兵学院（原装甲兵工程学院）基于 Agent 的离散事件仿真技术，研制了用于装备基本作战单元使用、维修和保障资源调控的仿真系统。陆军工程大学石家庄校区（原军械工程学院）研究了针对装备基本作战单元使用可用度的模拟仿真问题，并开发了配套的仿真系统。此外，还在自行火炮多阶段任务的使用仿真系统原型开发基础上，研制了适用于复杂任务的通用装备基本作战单元保障仿真系统。

1.2.2 软件构件技术研究现状

1.2.2.1 基本概念

1. 基于构件的软件开发方法

以构件为基础的软件开发方法（图 1-3），一般来说，涉及 3 类人：构件生产者、构件管理者和构件复用者；3 类过程：构件生产、构件管理和构件复用；3 种标准或工具：构件标准、构件库和构件复用规范。

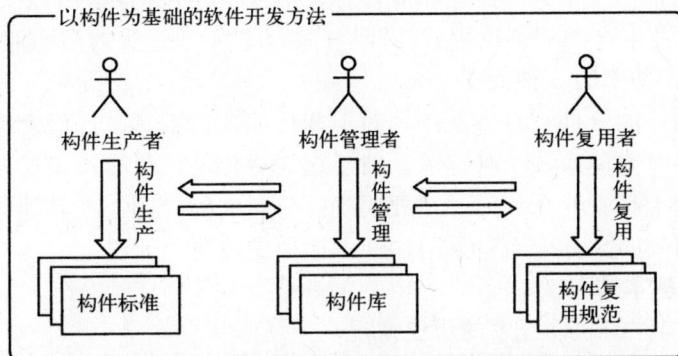

图 1-3 以构件为基础的软件开发方法

以构件为基础的软件开发方法，是一种全新的软件开发模式，其生命周期和结构化软件开发、面向对象的软件开发明显不同。对于以构件为基础的软件开发方法，到目前为止在概念上还没有统一的、权威的提法，有多种不同的看法，比较常见的有：基于构件的软件开发方法、构件复用、基于构件的软件开发方法、构件化软件开发方法等。

（1）基于构件的软件开发方法。这种提法比较广泛，抓住了这种软件开发方法的根本基础，对本质描述比较透彻，但也比较抽象。在这里，"构件"一般是指与构件模型相关的标准和规范。

（2）构件复用。这种提法主要从这种开发方法的第三个子过程引申而来，着重强调的是复用构件的过程，其中"构件"一词指的是实实在在的可复用构件。这种提法有的时候容易产生误解，以为是对第三个子过程的描述，但这种提法比较精炼。

（3）基于构件库的软件开发方法。这种提法也比较常见，主要考虑了构件库系统在这种软件开发方法生命周期中的核心地位而提出的，比较形象地描述了开发方法和所用到的技术与支撑工具之间的紧密联系。

对于图 1-4 所描述的以构件为基础的软件开发方法，本文主要采用第一种提法，以第二种和第三种提法为辅助提法。

2. 构件库技术

构件库在基于构件的软件开发方法中，处于基础设施地位。同时，在构建构件库的过程中，要考虑构件模型、构件生产与构件复用的相关技术，这样所建设的构件库才能有效地支持构件的生产、管理和复用。构件库本身融合，或者限定了基于构件的软件开发方法中所涉及的几乎所有相关技术。《辞海》对于技术给出了狭义和广义两种定义。狭义泛指根据生产实践经验和自然科学原理而发展生成的各种工艺操作方法与技能，如电工技术、焊接技术、木工技术、激光技术、作物栽培技术、育种技术等；广义指除操作技能外，还包括相应的生产工具和其他物资设备，以及生产的工艺过程或作业程序、方法等。这里对技术取其广义定义。

3. 关于构件库的 3 种提法

在基于构件的软件开发方法中，对于构件的管理工具，一般有构件库、构件库系统、构件库管理系统 3 种提法。对于这 3 种提法，只有在设计和实现这种专业的构件管理工具软件系统时，需要明确区分它们的异同。在其他时机，一般没有必要进行明确的区分，而是采用构件库这种比较泛的提法。

1.2.2.2 基本情况

1. 基于构件的软件开发的历史情况

复用概念的第一次引入，是在 1968 年北约（North Atlantic Treaty Organization，NATO）软件工程会议上 McIlroy 的论文"大量生产的软件构件"中。在此以前，子程序的概念也体现了复用的思想。但其目的是为了节省当时昂贵的机器内存资源，并不是为了节省开发软件所需的人力资源。但子程序确实可以用于节省人力资源，从而出现了通用子程序库，供程序员在编程时使用。例如，数学程序库就是非常成功的子程序复用的例子。20 世纪 70 年代，软件系统规模较小，软件开发方法和开发语言都正处于发展时期，很少明确考虑使用构件的相关技术。20 世纪 80 年代初到 90 年代中期，是面向对象开发方法兴起与成熟的阶段，数据流设计与控制流设计则统一为对象建模。Rumbaugh 等提出的对象建模技术法（Object Modeling Technology，OMT）采用功能视图、对象视图与动态视图进行对象建模，而 BOOCH 方法采用类视图、对象视图、状态迁移图、交互作用图、模块图、进程图等进行对象建模。1997 年出现的统一建模语言（Unified Modeling Language，UML），运用功能模型、静态模型、动态模型、配置模型描述应用系统的整体框架。人们开始采用面向对象的方法进行软件系统的开发，通过学术界和产业界的共同努力，提出了众多构筑软件系统所需的通用类库（Class Library）。20 世纪 90 年代以后是构件技术迅速发展的阶段，强调软件开发采用构件化技术和体系结构技术，要求开发出的软件具备很强的自适应性、互操作性、扩展性和重用性。基于构件的软件开发实现了分析、设计、实现等多个层次上的复用。在分析层上，可复用的元素有子系统、类；在设计层上可复用的元素有系统体系结构、子系统体系结构、设计模式等。目前，基于构件的软件开发方法成为学术界和产业界的研究热点。

2．基于构件的软件开发兴起的内在动因

分析传统产业的发展，其基本模式均是符合标准的零部件（构件）生产以及基于标准构件的产品生产（组装）。其中，构件是核心和基础，"复用"是必需的手段。实践表明，这种模式是产业工程化、工业化的必由之路。标准零部件生产业的独立存在和发展是产业形成规模经济的前提。机械、建筑等传统行业以及年轻的计算机硬件产业的成功发展均是基于这种模式，并充分证明了这种模式的可行性和正确性。这种模式是软件产业发展的良好借鉴，软件产业要发展并形成规模，标准构件的生产和构件的复用是关键因素。

基于构件的软件开发是在软件开发中避免重复劳动的解决方案，其出发点是应用系统的开发不再采用"一切从零开始"的模式，而是在已有工作的基础上，充分利用过去遗产系统开发中积累的知识、经验或构件，如：需求分析结果、设计方案、源代码、测试计划及测试案例等，将开发的重点放在系统集成上。

3．基于构件的软件开发的益处

基于构件的软件开发会带来的益处：①提高软件生产率；②缩短开发周期；③降低软件开发和维护费用；④生产更加标准化的软件；⑤提高软件开发质量；⑥增强软件系统的互操作性；⑦减少软件开发人员数量；⑧使开发人员能比较容易地适应不同性质的项目开发。

4．目前基于构件的软件开发成败的原因

到目前为止有许多基于构件的复用技术的研究成果和成功的复用实践活动。但是，基于构件的复用技术在整体上对软件产业的影响却并不尽如人意。这是由于技术和非技术方面的种种因素造成的，其中技术上的不成熟是一个主要原因。

归纳起来，复用项目成功主要发生于以下几种情形：①在较小的特定领域；②在理解充分的领域；③当领域知识变化缓慢时；④当存在构件互联标准时；⑤当市场规模形成时（大量的项目可以分担费用）；⑥当技术规模形成时。

而复用项目失败的原因主要包括：①缺乏对复用的管理支持；②没有对开发可复用构件及复用已有构件的激励措施；③没有强调复用问题的规程或过程；④没有足够的可复用资源；⑤没有良好的分类模式，使得构件查找比较困难；⑥没有良好的构件库支持和控制复用；⑦构件库中的构件没有良好的接口；⑧已有的部件不是为了复用而开发的。

1.2.2.3　当前 3 种典型的开发方法比较

基于构件的软件开发方法，涉及机构、管理、工具和技术等多个层面，由于受不同的复用观点、资金力量大小、技术实力强弱、风险控制和人员多寡等方面的影响和约束，形成了多种不同的基于构件的软件开发方法。目前，有一定影响力的有以项目为依托的基于构件的软件开发方法、基于商用现成（Commercial Off-The-Shelf，COTS）构件的软件开发方法和产品线工程 3 种。

1. 以项目为依托的基于构件的软件开发方法

以项目为依托的基于构件的软件开发方法的最大特点，是在开发过程中，没有明确的领域工程和应用工程等的区分，仍是以传统的软件开发过程为中心，通过一个个具体的同类项目来支持构件库/复用目录的形成，在具有一定基数的可复用构件后，才开始形成明确的领域工程和应用工程，是一种从非正式复用向正式复用渐进过渡的方法。其过程可用图 1-4 表示。

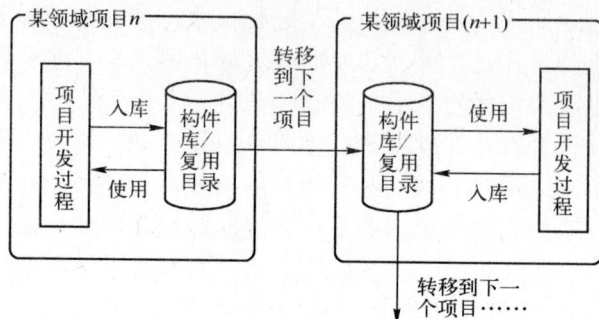

图 1-4 以项目为依托的基于构件的软件开发过程

2. 基于 COTS 构件的软件开发方法

基于 COTS 构件开发方法的最大特点，是构件的来源。COTS 构件是通过购买获得的第三方构件，是"通过商业途径获得或开源的软件片断，可以被复用并集成到其他项目的软件产品"。COTS 构件主要是从商业途径获得的，所以基于 COTS 构件的开发过程涉及多个不同的参与者。一个简化的开发过程可用图 1-5 表示。

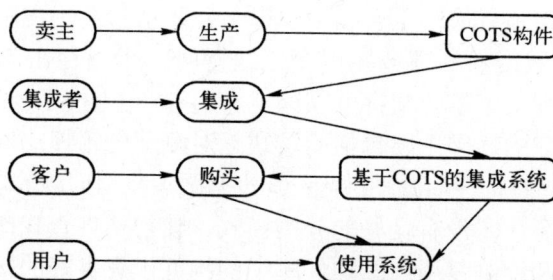

图 1-5 基于 COTS 构件的软件开发过程

卖主进行 COTS 构件的生产和销售，集成者利用胶水代码、自制构件等将一组 COTS 构件集成为一个新系统，客户购买得到新系统，使用者使用系统。

3. 产品线工程

产品线工程，是一种比较复杂、接近完善的基于构件的软件开发方法，它有完整的管理方法、构件模型和软件产品线系统等。其中，软件产品线是一组具有共同体系构架和可复用构件的软件系统，它们共同构建支持特定领域内产品开发的软件平台。软件产品线的产品则是根据用户需求对产品线架构进行定制，将可复用部分和系统独特部分集成而得到的。产品线工程集中体现为一种大规模、大粒度的软件复用实践。软件产品线是在构件技术与特定领域体系结构技术的基础上发展而来的，现在有很多机构对它进行研究，具有代表性的是卡内基梅隆大学的软件工程学院。图 1-6 是瑞典 CelsiusTech System 公司的产品线系统。这个产品线系统的特点是构架组、构件组和集成组的分离。构架组负责产品线系统构架的定义和演化。构件组负责根据产品线系统构架，生产和管理可复用构件。集成组则根据客户的需求，利用产品线系统构架和可复用构件进行系统集成。

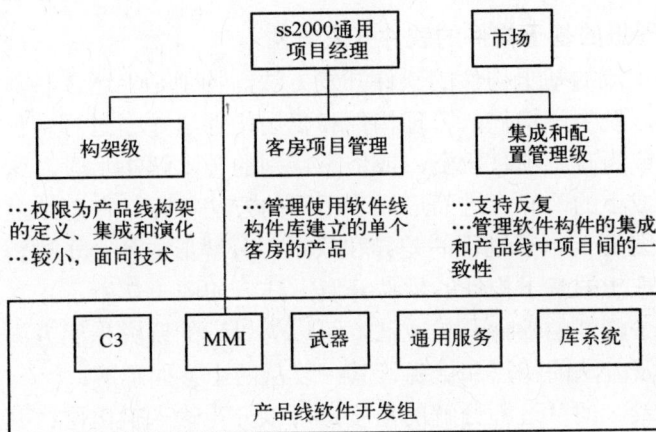

图 1-6　瑞典 CelsiusTech System 公司的产品线

4. 3 种开发方法特点比较

3 种开发方法都有着较大的实用价值，在实际应用中取得了一定的成功，也暴露了许多不足，表 1-1 从多个角度比较了 3 种方法的优劣。

表 1-1　3 种开发方法比较

开 发 方 法	主 要 优 点	主要缺点和不足
以项目为依托的基于构件的软件开发方法	① 有项目为依托，使构件的开发有资金的保证； ② 把构件库的建设风险分散到了各个项目； ③ 能在短期内就看到复用成效。	① 不是正式的复用，过程不规范，影响后继项目复用效果； ② 构件的可复用性受具体项目特点的影响大，可复用性较低； ③ 构件的管理难度大； ④ 可能推后项目的交付时间。
基于 COTS 构件的软件开发方法	① 购买 COTS 构件的代价小，减少资金的投入； ② COTS 构件由专业的开发商提供，质量好；	① 要有成熟的 COTS 构件市场并且 COTS 构件要遵循一定的开发规范； ② 使用 COTS 构件具有风险，在需求分析阶段只能根据一定的前提假设来选择构件；

（续）

开 发 方 法	主 要 优 点	主要缺点和不足
基于COTS构件的软件开发方法	③ 缩短开发时间，及时响应市场变化； ④ 风险分担，将项目风险部分分散到COTS供应商； ⑤ 由制造商负责对COTS构件进行维护。	③ 开发者对其源代码不可见，不利于演化等。
产品线工程	① 可复用资产系统化管理，形成完整的复用体系； ② 有较高的复用效率，产品质量有保证； ③ 在产品线开发完成后，可以快速低成本地开发出产品，有较高的资金回报率等。	① 需要强有力的组织团体，并要达到一定的成熟度； ② 核心资产开发技术难度大，需要大量的专家共同开发； ③ 产品线演变和更新需要考虑到整个产品集的情况，增加了难度和代价； ④ 需要长期的资金投入才能见到复用成效。

1.2.2.4　理想的基于构件的软件开发方法

分析当前主流的基于构件的软件开发方法，特别是上述3种典型的方法，可以看出它们都涉及生产构件、管理构件和复用构件3个子过程，但由于迅速开发项目的压力，或为减小项目投资，或依靠特别的技术解决手段，这3个子过程中都出现了或大或小的差异，进而形成了不同的方法特点。在总结上述3种典型方法的基础上，突出3个子过程的差异和联系，分解形成各个子过程的主要层次，可以形成一种理想的基于构件的软件开发方法，如图1-7所示。

理想的基于构件的软件开发方法，可以为以后的研究指明方向，也可用来比较分析当前开发方法的特点和优劣。其可以从两个方面理解：

（1）纵向看，即从过程分解的角度，可以分为输入输出层；开发过程层；技术、方法、规范和工具层。开发过程层是构件生产、管理和复用的操作层，输入输出层是其起点和终点，技术、方法、规范和工具层是开发过程层的支撑。从研究的角度而言，要解决的问题是合理准确地界定输入输出，研究开发合适的技术、方法、规范和工具，经过融合，形成完整明确的开发步骤，支持构件的生产、管理和复用。

（2）横向看，即从过程合成的角度，可以分为领域工程、构件库工程和应用工程三阶段，每一个阶段是相对独立完整的过程；领域工程和应用工程以构件库工程为中间纽带进行联系，相互作用和完善。从研究的角度而言，要解决的主要问题是清楚地界定3个过程的界限，明确从一个过程向另一个过程转换的条件和步骤。

理想开发方法有几个突出特点：

（1）有完善的构件技术作为基础，构件在领域内可复用性高。

构件技术包括构件模型、构件模型描述语言和标准化研究。构件技术是构件开发的基本规范、构件管理的数据基础和构件复用的依据。理想的基于构件的软件开发方法，构件模型和构件描述语言成熟，整个领域内所开发构件的接口和内容在形式上规范，可理解性好，容易管理，有较好的封装，在领域内的复用率高。

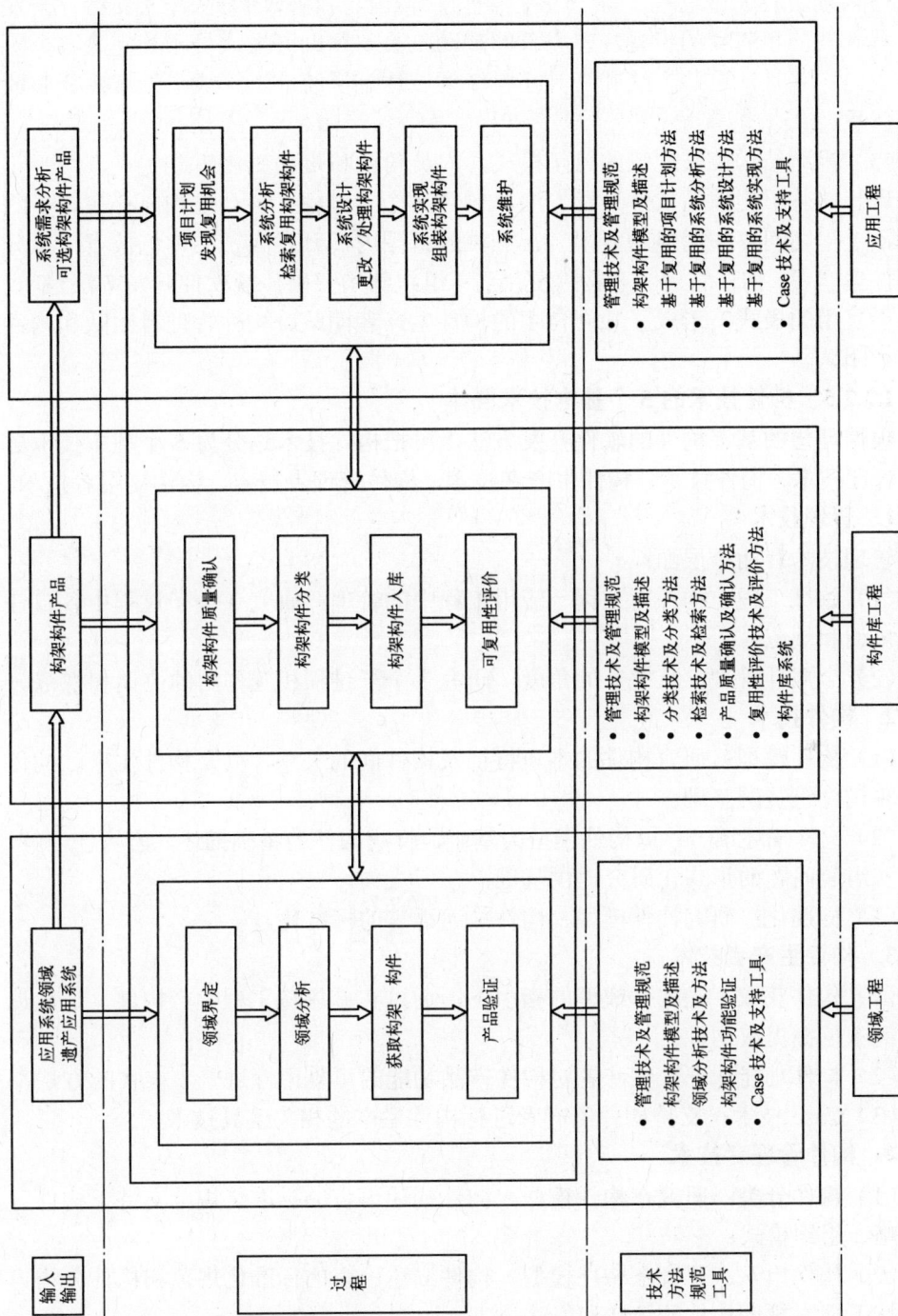

图1-7 理想的基于构件的软件开发方法

（2）有规范的操作过程，标准化程度高。

理想方法的 3 个过程，每个过程都有符合其自身特点的方法作为支撑，开发方法有着规范和清晰的步骤，有完善的辅助工具，帮助开发人员顺利完成各个阶段的工作。并且，这些方法和工具在整个领域达到了统一，形成了领域内完整的标准体系。

（3）组织结构突破传统的封闭模式，人员角色和责任变化明显。

理想的基于构件的软件开发方法，包含 3 个子过程，各个过程内存在较多的步骤，过程之间存在明显的界限。在领域的范围内，开发人员的角色按责任可分为构件生产者、构件管理者和构件复用者；组织结构突破传统软件开发方法封闭、不利于复用的模式，形成了独立自主的构件生产者团队、构件管理者团队和构件复用者团队。

1.2.2.5　构件技术的 5 个基本技术群体

根据理想的基于构件的软件开发方法，可把构件技术划分为 5 个基本技术群体：管理技术、构件技术、构件生产者技术、构件管理者技术、构件复用者技术。

1. 管理技术

管理技术有两个层面：

（1）领域工程、构件库工程、应用工程中的管理：研究 3 个子过程中各自任务的协调和规范；

（2）全局性管理：从统一的角度，研究 3 个子过程相互作用的协调和规范。

2. 构件技术

（1）构件模型：研究构件的本质特征及构件间的关系，其是构件生产、构件管理和构件组装的基础；

（2）构件描述语言：以构件模型为基础，解决构件的精确描述，为构件理解、管理和组装问题的形式化研究提供基础；

（3）标准化：研究构件模型、构件描述语言的标准化。

3. 构件生产者技术

（1）构件获取：在构件模型的指引下，通过实施领域工程生产构件，或从遗产系统中挖掘提取构件；

（2）构件功能认证：生产者对构件产品功能的可复用性进一步核实的方法；

（3）Case 技术：支持构件生产者进行构件生产的相关工具技术。

4. 构件管理者技术

（1）构件分类：研究在构件模型、构件描述语言的标准化规范支持下构件分类策略、组织模式；

（2）构件检索：研究在构件模型、构件描述语言的标准化规范和构件分类方式支持下搜索预期构件的策略和方法；

（3）构件质量认证：研究确定入库构件软件质量的方法；

（4）构件可复用性评价：通过库中构件的实际使用情况评估构件可复用性的方法；

（5）其他的管理库一般具有的功能，如用户管理、安全管理等；

（6）构件库系统设计技术。

5.　构件复用者技术

（1）构件组装：在构件模型和构件描述语言的基础上研究构件组装机制，包括源代码级的组装和对象级的组装等；

（2）基于构件的系统开发技术：研究在系统开发中引入构件复用的策略和方法；

（3）Case 技术：支持构件复用者进行构件复用和系统集成的相关工具技术。

1.2.2.6　基本技术群的支撑技术

基本技术群的支撑技术，从目前研究中的使用情况看，主要有 8 种。

1.　面向对象技术

面向对象技术到现在已发展成为一种比较成熟的编程思想，并且逐步成为软件开发领域的一种方法论。面向对象技术具有封装性、继承性、多态性、自然模拟客观世界的能力，是建立可复用构件的主要基础；面向对象的开发方法也是形成基于构件的软件开发方法的主要基础，是最核心的支撑技术。

2.　设计模式

设计模式（Design Pattens）是指在特定场合下，对某一类问题的通用解决方案，表现为一组对象间的组合和交互的特定方式。在软件开发过程中，经常会在某一特定场合中遇到某些以前经常出现或感觉似曾相识的问题，这时可直接套用经过验证的解决方案，或参考别人成熟的思路来解决，久而久之，通过不断完善并文档化就形成了针对这类问题的设计模式。反过来，形成的设计模式又可以指导今后的软件开发，以提高软件的设计效率、质量和稳定性。设计模式是建立可复用构件的重要方法，是把专家级的设计思路用于构件设计的快捷方法。

3.　重构技术

重构（Refactoring）就是在不改变软件现有功能的基础上，通过调整程序代码改善软件的质量、性能，使其程序的设计模式和架构更趋合理，提高软件的扩展性和维护性。重构有助于从遗产系统中发现可复用构件，也是已有构件进化的重要手段。

4.　形式化方法

形式化方法可以分为形式化描述和建立在形式化描述基础之上的形式化开发。形式化的描述就是用形式化的语言（具有严格的语法语义定义的语言）做描述。形式化的软件开发，就是用形式化的语言来描述软件需求和特征，并且通过推理验证来保证最终的软件产品是否满足这些需求和具备这些特征。形式化方法是未来建立精确、一致的构件模型和构件描述语言等的基础。

5. 软件工程的基础理论

软件工程是采用工程的概念、原理、技术和方法来开发和维护软件，把经过考验证明是正确的管理技术与能得到的最好的技术方法结合起来进行软件开发。在软件工程的基础理论上，根据自身特点和要求形成实用的软件工程方法，是基于构件的软件开发方法研究获得成功的必然之道。

6. 软件体系结构

软件系统结构，又常被称为构架，是软件系统的高级抽象，往往体现了系统开发中最早做出的决策，它体现了根本性的系统设计思路，对系统起着最为深远的影响，是一种可预制和可复用的软件框架结构。在基于构件的软件开发中，领域软件体系结构是被复用的重要对象。

7. 领域分析方法

领域分析是在软件开发过程中对应用领域的信息进行收集、抽象和组织，识别和构造出各种可重用的信息，使得这些信息能够在开发该领域的软件构件时得到最大限度的利用。合适的领域分析方法是抽象领域基本特征，获得可重用资产的关键。

8. 人工智能技术

人工智能是关于知识获取、知识的描述、理性推理和学习的科学和技术，在构件模型描述和自动组装等多方面有着广泛的应用。

1.2.3 装备保障仿真构件技术研究现状

装备保障仿真构件技术研究还处于起步阶段，目前的研究成果还比较少。值得关注的主要是基于高层体系结构（High Level Architecture，HLA）所形成的构件化装备保障仿真系统开发案例。

1.2.3.1 HLA 的基本情况

HLA 标准由美军建模与仿真办公室（Defence Modeling and Simulation Office，DMSO）制定并已在美军中强制执行，目的是促进分布式仿真系统的互操作和重用。随着其成为 IEEE 标准，已逐渐为世界各国所认可。我国也正在将 HLA 标准应用到作战仿真系统的开发之中。HLA 是新一代作战仿真系统的体系结构，定义了对系统所需的组成单元的描述，以及组成单元间的交互，规范了组合的模式以及对这些模式的约束；建立了系统内部各组成单元之间在空间或时间方面的有机联系与相互作用的方式或顺序。

在 HLA 中，将用于达到某一特定仿真目的的分布式仿真系统称为联邦（Federation），它由若干个相互作用的联邦成员（Federate，或简称成员）构成。联邦成员包括联邦成员管理器、数据收集器、真实的实体仿真代理或消极观察器等。它还能够表示一个平台，如驾驶员座舱（Cockpit）仿真器；也能够表示一个集合体（Aggregate），如一个国家的空中交通流量等。一个联邦的一系列执行称为联邦执行（Federation Execution）。在基于 HLA 的仿真中，联邦成员之间的信息交换主要有对象类和交互类两种形式。对象类（Object）是 HLA 中参与仿真的不同种类物理对象的抽象，对象类的特定实例是对象，描述该仿真对象的数据是这个对象的属性（Attribute），在仿真实施中，对象类属性需要不断更新，直到仿真结束或对象生命周期完结。交互类（Interaction）是指由 HLA 的一个联邦成员所生成、被另一个联邦成员所接受的、短暂的具有时间标记的事件。

HLA 体系规范主要包括三部分：

（1）规则（Rules）：保证联邦中仿真应用间按正确的方式进行交互，描述各联邦成员的责任及它们与 RTI 的关系。共提供了十条规则，分别对联邦和联邦成员作了规定。

（2）对象模型模板（Object Model Template，OMT）：定义 HLA 对象模型信息的通用方法，提供一种标准格式的 HLA 对象模型模板，促进模型的互操作性和资源的可重用性。

（3）接口规范说明（Interface Specification）：定义联邦成员与联邦中其他成员进行信息交互的方式，即 RTI 的服务。共定义了 RTI 的六大管理功能。

1.2.3.2　国外基于 HLA 的构件化装备保障仿真系统的开发应用

随着仿真规模的不断扩大，美军逐渐意识到单机仿真已无法满足需求，由此出现了分布交互式仿真技术（Distributed Interactive Simulation，DIS），基于该技术的典型作战仿真系统是 WARSIM2000，其中的保障模块拥有保障系统各层级的维修保障、运输保障等多种保障仿真功能。在美军对于作战仿真系统和保障仿真系统集成互联仿真需求的推动下，分布式交互仿真技术从 DIS 发展为了高层体系结构（High Level Architecture，HLA），由于 HLA 技术能更好地提高仿真模型间的互操作性和重用性，提高软件系统的重用率，减少开发资源的投入，所以逐步确定了其在仿真领域中的主导地位。

WLTAE 仿真系统是一个将作战与保障进行联合仿真的综合仿真平台，它首次将空战作战仿真模型 THUNDER 和战区后勤保障仿真模型 ELIST 互联共同组成联邦，主要考虑运输、燃料和日用品消耗等影响因素，模拟后勤保障资源的运输延迟对于作战的影响，其为建立"端对端（End-to-End）"的聚焦后勤联邦奠定了基础。在 WLTAE 的研究基础上，美军研制了联合战役级作战仿真系统——JWARS，用于描述各军兵种的作战与保障能力，分析部队的联合作战能力与保障的关系，从而为确定最佳作战方案提供决策依据。David Payne 总结了美军所有军事仿真领域的仿真系统，并将其互联共同构建仿真联邦，形成了支持联合战役作战的聚焦后勤仿真联邦体系框架，可模拟联合作战中"端对端"的保障活动全过程。LOGSIM保障仿真系统是由美国 SPARTA 公司设计并开发的，它基于 HLA 技术实现了对美军现役所有机型的维修保障活动模拟，该保障仿真系统既可单独仿真，也可与作战仿真系统互联，其主要影响因素是：作战过程中的损伤、正常使用过程中的故障、飞行过程中的非常状态、因地面检查发现飞机故障中断起飞、机场遭受敌方袭击时的损伤等五类。评价指标是飞机的可用度和出动架次率。LOGSIM 中飞机维修过程的仿真逻辑如图 1-8 所示。

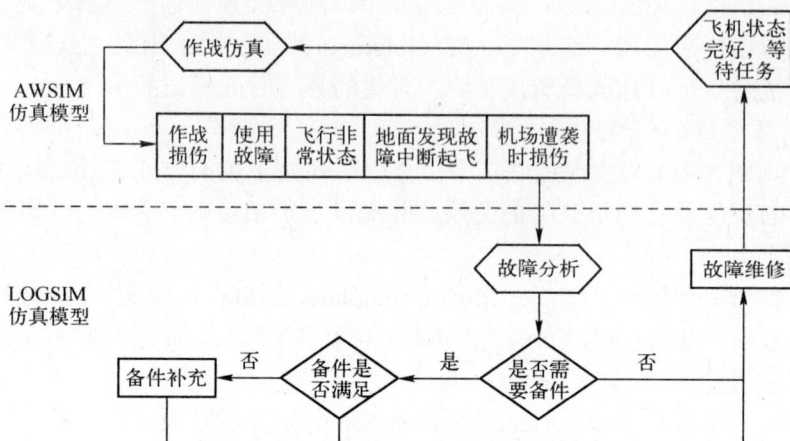

图 1-8　LOGSIM 中飞机维修过程的仿真逻辑

　　同样基于 HLA 技术规范的还有由美国国防部开发的 LOGAM 保障仿真系统，该保障仿真系统重点针对单装的全寿命阶段进行保障活动的仿真模拟，围绕装备在设计、使用中的各种保障问题，以及寿命周期费用等进行仿真分析。LOGAM 仿真系统的影响因素包括五大类别，分别是：标准数据元素、TOE 数据元素和模型控制数据元素、系统特有数据元素、LRU 特有数据元素；评价指标主要是系统固有可用度和使用可用度、测试与修理人员短缺率、补充备件和修理备件短缺率、测试设备短缺率、系统后勤保障费用等。

1.2.3.3　国内基于 HLA 的构件化装备保障仿真系统的开发应用

　　经历"联合 99"工程项目以后，全军各科研单位开始意识到仿真模型一体化、标准化与互联互通的重要性。为此，国防科技大学开发了具有自主知识产权的"KD-HLA 仿真支撑平台"，后被原总参谋部确定为"联合 99"的分布仿真支撑平台。KD-HLA 仿真支撑平台的出现，为国内装备保障仿真系统构件化开发提供了一条重要的思路。

　　桑景瑞在其博士论文《基于构件的装备保障仿真研究》中，提出了一条基于 HLA 开发装备保障仿真构件的途径。

　　该文在现代软件工程概念和思想的基础上，引入了基于构件的 HLA 仿真应用开发方法，并采用构件库的管理方法解决仿真构件的共享和重用的问题，采用分布式联邦生成系统解决构件的集成和联邦对象模型的自动生成，从而构建了一个基于构件的 HLA 装备仿真支撑环境，初步解决了装备保障仿真应用开发中的重用问题。

首先，该文在分析和研究了基于构件的软件开发及相关的软件工程思想和方法的基础上，提出了基于 KobrA 方法的 HLA 装备保障仿真构件框架及其相关模型。

其次，根据 HLA 仿真构件的特点，该文从仿真构件资源库的结构入手，设计了基于构件系统的 HLA 仿真构件的组织方法，给出了基于刻面的 HLA 仿真构件的分类方法，同时对仿真构件的检索算法进行了一定深度的研究。

再次，以 OML（对象模型库）和 RTI 为核心，建立了基于构件的 HLA 联邦开发环境，该开发环境支持基于 OMT 的实体对象模型开发，支持由 EOM 合成 SOM 及 SOM 合成 FOM 的自动过程，支持基于 Web 的构件组装，为联邦的运行提供前提。

最后，该文设计和实现了一个基于 ASP.net 的构件库系统原型，基于论文提出的构件框架设计和实现了一个装备保障构件系统，并在 pRTI 环境下完成了运行实验，从而验证了基于构件方法的可行性。

1.2.3.4 基于 HLA 构件化装备保障仿真系统的研发特征

HLA 为开发和执行分布式仿真系统提供了一个可复用的、可扩展的、开放的分布式体系结构。借助对象模型（FOM/SOM），HLA 为联邦成员提供了标准化的接口描述机制。HLA 充分借鉴观察者模式（Observer Pattern）的设计理念，将不同仿真应用的集体行为封装在一个单独的中介者对象——RTI 中，来解决仿真应用之间的交互问题。在这种模式下，各仿真应用只需提供公布的数据，而不需要知道接收者的任何情况；系统之间通过一个公共的接口（Broker）相互连接，实现数据交互、时间同步。这种隐式调用方式，使联邦成员动态地加入或退出联邦成为可能。

由此可见，HLA 提供了一种类似于软总线的系统体系结构，为实现基于装备保障仿真构件的开发方法提供了很好的体系结构规范。基于 HLA 开发装备保障仿真系统，联邦成员本身就可以看作一种可重复使用的"特殊构件"，HLA 联邦就是基于构件的仿真系统。HLA 为装备保障仿真构件技术中构件复用这一个环节，提供了一个非常好的基础。但需要指出的是，联邦成员作为 HLA 系统的构件，因其庞大和一些特殊的约束，其可复用性还需要进一步提高，与真正的装备保障仿真构件还有一定的差距。

1.3 研究目标与内容

1.3.1 研究目标

把基于构件的软件开发方法，引入到装备保障仿真领域，是装备保障仿真研究进一步发展的重要出路。本书研究的最终目标，是根据装备保障仿真领域仿真系统开发的特点，结合现有的对基于构件的软件开发方法的研究，以理想的基于构件的软件开发方法为标准，促进"基于装备保障仿真构件的仿真系统开发方法"的形成和完善，此举将极大地推动装备保障仿真技术的研究和仿真系统的开发。但形成完善的基于装备保障仿真构件的仿真系统开发方法，把这一方法系统化、工程化，任务重，困难大。本书研究的具体目标，是结合装备保障仿真领域的特点，对构件技术 5 个技术群体的关键点进行研究，突破其中的主要难点，为基于装备保障仿真构件的仿真系统开发方法的形成奠定良好基础。

1.3.2　主要内容

本书的主要内容分为 5 个部分，其主体结构如图 1-9 所示。其中，第一部分是绪论，第二、三、四部分是本书的核心部分，分别研究了装备保障仿真构件模型及其描述、基于装备保障仿真构件的开发仿真系统的 3 个子过程和装备保障仿真构件技术的发展策略。

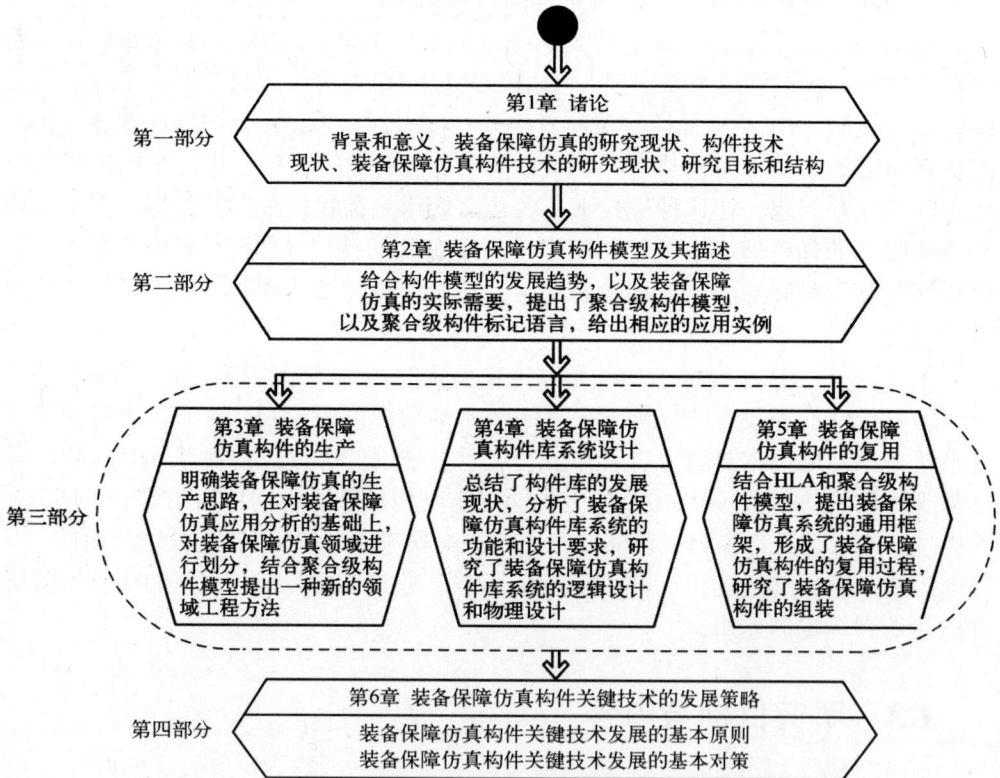

图 1-9　本书的主体结构

绪论部分主要分析和总结了背景和意义、装备保障仿真的研究现状、构件技术发展的现状和装备保障仿真构件技术的研究现状。

　　第二部分结合装备保障仿真的实际情况和需要，提出了适合装备保障仿真构件模型及其标记语言，即聚合级构件模型和聚合级构件标记语言。主要完成了两个方面的工作：①针对当前主流的构件规约/组装模型对构件组装支持的不足，提出了一种简单实用的构件模型——聚合级构件模型（Aggregate Level Component Model，ALCM）；②在 ALCM 的基础上，完成了聚合级构件标记语言（Aggregate Level Component Mark Language，ALCML）的定义。这两个方面工作的完成，为后续的装备保障仿真构件的生产、装备保障仿真构件库系统的设计和装备保障仿真构件的复用 3 项活动打下坚实的基础。

　　第三部分对基于装备保障仿真构件的仿真系统开发的 3 个子过程进行了深入研究。第 3 章研究了装备保障仿真领域的划分和装备保障仿真领域工程方法；第 4 章研究了装备保障仿真构件库系统的逻辑设计和物理设计；第 5 章研究了装备保障仿真系统的通用框架、装备保障仿真构件的复用过程和装备保障仿真构件的组装。

　　第四部分对装备保障仿真构件技术的发展策略进行了研究。鉴于基于装备保障仿真构件的仿真系统开发方法的复杂性，慎重地对其原则、过程和方法等中的关键性决策进行分析和研究，形成稳定的对策，防止决策失误导致重大损失，是一项十分必要的工作。装备保障仿真构件技术的发展策略研究，主要研究了装备保障仿真构件技术发展的基本原则和对策两方面的内容。

第2章 装备保障仿真构件模型及其描述

装备保障仿真构件模型及其描述是基于装备保障仿真构件的仿真系统开发方法的基础，是构件开发的基本规范、构件管理的数据基础和构件复用的依据。装备保障仿真，寻求基于构件开发装备保障仿真系统的开发方法，从目前的情况看，不能基于现有的构件模型进行。主要有两个原因：①现有的构件模型一般较为复杂，要求构件开发人员和构件使用人员理解和掌握比较多的关于构件的知识。②装备保障仿真追求尽快利用最先进的知识和方法来实现装备保障仿真系统的开发，必须寻求更简单，但实用性强的构件模型。基于上述原因，结合构件模型当前的发展情况，把握"尽快利用"和"简便实用"之间的平衡，将在前人的基础上提出符合自身发展需要的装备保障仿真构件模型及其描述。

本章主要完成两个方面的工作：①针对当前主流的构件规约/组装模型对构件组装支持的不足，提出了一种简单实用的装备保障仿真构件模型——聚合级构件模型 ALCM。②在 ALCM 的基础上，完成了聚合级构件标记语言 ALCML 的定义。这两个方面工作的完成，将为后续的装备保障仿真构件的生产、装备保障仿真构件库的设计和装备保障仿真构件的复用 3 项活动打下坚实的基础。

2.1 装备保障仿真构件模型——聚合级构件模型 ALCM

2.1.1 现有的三类构件模型

构件是指应用系统中可以明确辨识的构成成分，可复用构件是指具有相对独立功能和可复用价值的构件。当前的构件模型主要包括构件规约/组装模型、构件实现模型、构件描述/分类模型 3 类：构件规约/组装模型，这类模型指定了构件对外提供的功能、需要外界支持的功能、构件使用的语境等，如 Trace 等在 1989 年提出的 3C 模型，北京大学提出的青鸟构件模型；构件实现模型，这类模型规范在某种语言环境或运行级别上实现构件，也是工业界着力发展的中间件技术的基础，如 EJB、COM、CCM 和 Web Services；构件描述/分类模型，这类模型为构件提供详尽的描述，辅助用户理解并支持构件在构件库中的分类和提取，如 IEEE 的 BIDM 和 REBOOT 模型。构件模型技术研究，近年来有了较大的进步，但在使用过程中也暴露出一些不足。

2.1.2　聚合级构件模型的依据

1. 构件的基本特征

构件的总特征是可复用性。但对可复用性的理解，不同的构件开发思路，有着不同的基本看法。针对具有代表性的构件定义，摒弃一些特殊和不重要的特征，提取对构件使用最具有影响的一般特征，可复用性可描述为以下内容，见图 2-1 所示。

图 2-1　构件的基本特征

可管理性指构件可以被分类、描述和统一管理；封装性指构件是可以独立交付的软件单元，封装了设计和实现的内容；可组装性指构件从功能和接口等多个方面适应多个应用系统开发的需要，能够在多类平台上被集成；可靠性指构件有良好的软件质量；安全性指构件能够在宿主应用系统中安全运行。

2. 三类构件模型分析

基于三类构件模型生成的构件，在不同程度上符合构件的基本特征。构件规约/组装模型是以实现构件的可组装性为主要目标，在实现构件可组装性特征的基础上，通过相关方法和技术进而延伸支持构件的其他特征；构件实现模型主观上是为解决软件系统的分布式、跨平台和跨语言等特征研究的，客观上对构件复用形成了一定程度的支持，是一种实现级、不完整的构件模型；构件描述/分类模型是以实现构件的可管理性为主要突破口。

从复用的角度考虑，基于构件规约/组装模型构件的可复用程度最高，这也是目前构件模型研究的主要方向。3C 模型是国外典型的构件规约/组装型模型，是关于构件模型的一个指导性模型，该模型由构件 3 个不同方面的描述组成，即概念（Concept）、内容（Content）和语境（Context），给出了构件模型必须包含的内容，其缺乏具体易懂的描述，并不适合应用于工程实践，但对构件规约/组装模型的研制具有宏观指导意义。青鸟构件模型是国内在 3C 模型基础上研制的构件规约/组装型模型，是国家重点科技攻关项目"青鸟工程"中青鸟构件库使用的构件模型。青鸟构件模型从 3 个不同的、相互正交的视角来看待构件，每个具体的构件都是形态、层次和表示构成的三维空间中的一个点。形态的差异体现在构件的结构组织方式上，青鸟构件的形态分为类、类树、框架、设计模式和构架。青鸟构件的层次划分根据是不同的构件生产阶段，包括分析件、设计件、编码件和测试件。构件的表示则是指构件具有不同的表示媒介和手段，如图形、复合文档、正文、伪码、编程语言、目标码等。模型从 9 个方面来描述构件，这 9 个方面分别是概念、操作规约、接口、类型、实现体、构件复合、构件性质、构件注释和构件语境。其中概念是构件功能的抽象描述；操作规约用来指构件对外提供的、可被请求的服务；接口给出了构件对外行为的描述，分入接口和出接口；类型用于定义"什么值可用作操作参数"；实现体是构件的具体实现部分，是实际完成被请求服务的系统；构件复合表示构件的组合方式；构件性质指明构件的形态、层次和表示；构件注释描述和构件库相关的其他性质，这些性质是构件库管理所必需的信息，如构件作者、制作时间、修改限制、修改影响等；构件语境描述构件的软、硬件使用环境和实现依赖。

3. 当前主流构件规约/组装模型的不足

领域的一个重要特征是具有共性和差异性。领域的共性是实现领域复用的基础，没有领域共性，就没有可复用的资源；差异性是实现领域复用的价值所在，没有差异性，可复用资源不可能构造出不同的应用系统（也可能存在两个系统对某个可复用资源的要求，只表现出共性，但从整个领域和整个系统看，共性和差异性是必然同时出现的）。从抽象的角度看，基于构件开发软件系统，实施构件组装，这个过程的主要活动之一就是绑定领域的共性和差异性。领域共性和差异性的绑定，包括领域共性的选择和领域差异性的固定，以及体现领域共性和差异性的可复用资源间相互作用关系的协调，涉及到应用系统开发的需求分析、软硬件平台的选择等多个方面，体现了系统开发过程中的关键性决策。

当前主流的构件规约/组装模型，如青鸟构件模型，尽管它们对构件模型的定义和描述不同，但它们的核心处理机制是一致的，即将构件分为接口和实现两部分，其中接口用来表示构件与外界的交互信息，实现用来表示可被直接复用的构件实体。这类构件模型关注的核心是构件的组装方式、接口时序关系和动态配置等纯组装技术问题，对与复用紧密相关的领域共性和差异性，即与所组装内容的特性相关的则没有赋予描述和支持的机制。基于此类构件模型构件的不足，是构件的可组装性比较低，其原因是用此类构件组装系统，构件本身的机制对领域共性和差异性绑定的贡献度基本为零，领域共性和差异性的绑定完全依靠组装推导机制完成，绑定的任务在构件复用这一个阶段里进行，使大量的困难集中表现出来，导致在复用过程中构件组装推导难度大，过程复杂，不易掌握，在组装推导自动化机制不成熟的情况下，构件的可组装性明显降低。

4. 聚合级构件模型提出的依据

ALCM 提出的依据，是在现有构件规约/组装模型的基础上增加领域共性和差异性支持机制，降低构件组装推导过程中领域共性和差异性绑定的难度。途径有两个：一是把领域共性和差异性的绑定分散到构件生产和构件复用两个阶段；二是把领域内多个共性关联大的可复用资源聚合在一起形成大粒度的构件。通过这两种途径，分散难点，减小构件组装推导过程中领域共性和差异性绑定的任务量，提高构件的可组装性。另外，领域分析的关键任务是分析领域的共性和差异性，把支持领域共性和差异作为构件模型的重要机制，使领域分析的目的性更加直接，对构件的生产也具有一定的辅助作用。

2.1.3　领域共性点和差异点分析

领域的共性和差异性，是目前构件复用研究中一种使用广泛但又不严格的提法，对其还没有较精确的定义。ALCM 立足于领域共性和差异性，在此对其进行深入分析。

2.1.3.1　领域通用成分

分析某领域内多个应用系统的构成，通常可以发现各个系统包含 3 类成分：

（1）基本通用成分：是特定于计算机系统的构成成分，如基本的数据结构、用户界面元素等，它们可以存在于各种应用系统中，比例约是 20%；

（2）领域通用成分：是应用系统所属领域的通用构成成分，它们存在于该领域的各个应用系统中，比例约是 65%；

（3）领域专用成分：是各个应用系统的特有的构成成分，比例约是 15%。

应用系统开发中的重复劳动主要在于前两类构成成分的重复开发，两者的比例占到 85%左右，是诱发研究软件复用的根本原因；领域专用成分是不可复用的。研究领域复用，构建领域可复用资源，则研究的主要对象是领域通用成分。

2.1.3.2　领域共性和差异性及领域共性点和差异点定义

基于领域通用成分，可以给出领域共性和差异性相对较为准确的定义。

定义 2-1：领域共性，指领域内类似应用系统中领域通用成分表现出的共同的特性。

定义 2-2：领域差异性，指领域内类似应用系统中领域通用成分表现出的不同的特性。

但领域共性和领域差异性还是不能用来精确描述可复用资源的构建和使用过程，因为这两个概念的落脚点是"特性"，特性本身是一个模糊的概念，在此进一步引出领域共性点和差异点的概念。

定义 2-3：领域共性点，指领域共性的度量项。

定义 2-4：领域差异点，指领域差异性的度量项。

领域共性点和领域差异点是一种度量项，因此领域共性点和差异点可以赋值，但需要指出的是，因领域共性和差异性的复杂性，必定有多种类型的领域共性点和差异点存在，对领域共性点和差异点所赋值的类型也存在差异，所赋值的类型也必定不是简单的数据类型，而是抽象复杂的复合类数据类型。

2.1.3.3　领域共性点和差异点分析方法和时机

分析领域共性点和差异点，可以从 3 个角度出发：预测的角度，指从领域内未来多个类似应用系统开发的需要出发，分析和预测领域共性点和差异点；比较的角度，指比较领域内现存的多个类似应用系统，分析领域共性点和差异点；两者结合的角度。分析领域共性点和差异点是一件复杂和棘手的事情，为了把复杂问题简化，追溯系统开发的过程，把预测和比较相结合，分层分析领域共性点和差异点及其对构建和使用可复用资源的意义。

2.1.3.4 四类领域共性点和差异点

1. 第 I 类领域共性点和差异点

需求分析是捕捉业务功能的阶段，在某领域某一需求所对应的功能点上，不同的应用开发，功能的主要目标一般是一致的，但在功能强度的要求上存在不同。如在卫星仿真中，多数仿真系统对侦察卫星需要仿真的功能有轨道推进、变轨、卫星毁伤、特定载荷的侦察和信息传输，体现了领域的共性；由于不同的仿真目的，不同仿真系统对侦察卫星仿真在功能强度上要求不一样，如卫星轨道推进，有的仿真系统要求较高的精度，需要轨道推进仿真能够满足大约 10 天的仿真；有的仿真系统可能只要求能够满足几天，甚至更短的时间，体现了领域的差异性。又如在仿真功能点上的不同，有的仿真系统可能只需要仿真轨道推进、特定载荷的侦察和信息传输，不需要仿真卫星变轨和卫星毁伤。此类领域共性点和差异点为第 I 类领域共性点和差异点，其值的类型是功能和强度的复合，对可复用资源的构建和使用有决定性意义。

2. 第 II 类领域共性点和差异点

系统分析阶段出现的领域共性点和差异点，是需求分析阶段出现的领域共性点和差异点的延续和演化。仍以侦察卫星仿真为例，多个系统对仿真功能的要求存在共性，则侦察卫星仿真接口类似，体现了领域的共性；不同系统对卫星轨道推进的精度要求不一样，则精度要求高的在积分上可能采用高阶龙库塔算法，精度要求低的在积分上可能采用较为粗糙的欧拉算法，体现了领域的差异性。此类领域共性点和差异点为第 II 类领域共性点和差异点，其值的类型是接口和算法类型的复合，其对可复用资源的构建和使用没有决定性意义，但影响可复用资源的可复用性大小。

3. 第 III 类领域共性点和差异点

系统设计阶段是系统开发过程中选择和决策实现系统所需要的软、硬技术平台的重要阶段。软件技术平台和硬件技术平台对可复用资源的构建和使用有决定性意义，和宿主系统的软件技术平台和硬件技术平台标准不存在共性的可复用资源是不可能被使用的。领域内不同的应用系统开发要求，不同的开发人员组合和不同的技术储备，使得应用系统开发所选择的软、硬件技术平台标准必然存在共性和差异性，如语言的异同、编译系统的异同、数据库的异同和网络应用的异同等。系统设计阶段出现的领域共性点和差异点，为第 III 类领域共性点和差异点，其值的类型是软件技术平台标准和硬件技术平台标准的复合。

4. 第Ⅳ类领域共同点和差异点

编程阶段是应用系统实现的阶段,领域共性和差异性主要体现在编程规范上。如整个领域编程人员在编程规范上较为统一,有良好的编程习惯,如对接口和参数等有着类似的命名规范,领域共性大,否则差异性大。这个阶段出现的领域共同点和差异点对可复用资源的构建和使用没有决定性意义,但影响可复用资源的可复用性大小。此类领域共性点和差异点为第Ⅳ类领域共性点和差异点,其值的类型是编程规范的复合。

2.1.3.5　领域共性点和差异点的变化特性

上述 4 种类型的领域共性点和差异点,领域共性点和领域差异点是紧密联系在一起的,没有绝对的共性点和差异点,共性点和差异点是相对的。第Ⅰ类和第Ⅱ类领域共性点和差异点的变化特点,主要以领域共性点为基础,领域差异点以领域共性点的存在为生存前提;第Ⅲ类和第Ⅳ类领域共性点和差异点的变化特点,是相互排斥,领域共性点大,则领域差异点小,反之亦然。另外,高层阶段出现的领域共同点和差异点,将在低层阶段分析结果中进一步体现。各类领域共性点和差异点还随着时间和空间变化。随着时间变化,对系统的要求变得更高,新的产品要替代老的产品;技术进步,系统运行环境变化,引起系统进化,这些都将引起领域共性点和差异点的变化。

第Ⅰ类领域差异点的取值,大多呈现出固定的变化模式,主要有如下 4 种:①必需的(Mandatory)需求:所有现有系统都具有这类需求;②可选的(Optional)需求:部分现有系统具有这类需求,并非全部系统都具有;③多选一的(Alternative):只能从多个变化项选择其中一个满足需求,这些变化项存在互斥关系;④多选多的(Multiple Parallel Variability):这些变化项之间不存在互斥的关系,可以同时存在。

2.1.3.6　主要领域共性点和差异点的决定因素

第Ⅰ类和第Ⅲ类领域共性点和差异点,对可复用资源的构建和使用有决定性意义,因此是两类主要领域共性点和差异点。第Ⅰ类领域共性点和差异点,主要由领域需求的稳定性和变化性决定;第Ⅲ类领域共性点和差异点,由领域设计方法与要求的稳定性和变化性决定。

2.1.4　聚合级构件模型

从构件生产的角度看,第Ⅰ类和第Ⅱ类领域共性点和差异点与构件接口有着密切关系,第Ⅲ类和第Ⅳ类领域共性点和差异点与构件的实现有着密切关系。为了增加构件的可组装性,ALCM 对第Ⅰ类和第Ⅱ类领域共性点,要求尽量扩大其范围,即使构件的功能和接口能最大限度地覆盖某个共性点所对应的可复用资源的各种情况,增大其领域差异点的生存空间;对第Ⅲ类和第Ⅳ类领域共性点和差异点,应尽量扩大领域共性点,压缩领域差异点,即增大构件实现的平台和方法的相似性。ALCM 以青鸟构件模型为参考模型，增加了领域共性和差异性的绑定机制。

1. 聚合级构件的定义

定义 2-5：聚合级构件（Aggregate Level Component，ALC）指在构件的生产阶段，通过领域分析获取领域的共性和差异性，通过具有弹性的设计方法，把领域内第 I 类和第 II 类领域共性点关联度大的多个具有复用潜力的资源聚合成一体所得，其体现第 I 类和第 II 类领域共性点和差异点相互依赖的紧密关系，最大程度扩大第 III 类和第 IV 类领域共性点，它可以明确辨识，接口由契约指定，和语境有明显依赖关系，有较好的可组装性。

对 ALC 定义的进一步解释：

（1）是领域共性和差异性的组合体，单个构件聚合了关联度大的多种功能，有"聚合"的含义；

（2）能实现多种功能，"级"表示其存在一个级别区分，是大粒度构件；

（3）本质上分为接口和实现两部分；

（4）是对领域内一族具有共性和差异性的构件的抽象，可以看作一个构件模板，在构件组装过程中实施第二次领域共性和差异性绑定后成为一个具体构件。

2. 聚合级构件的物理构成

ALC 在物理上由可视部分和隐藏部分组成，它们存在紧密的对应关系，如图 2-2 所示。可视部分对应构件的需求分析件、分析件和设计件等，实质上是一种规格说明；隐藏部分对应构件的编码件和测试件。可视部分和隐藏部分又分为可变部分和固定部分。可视部分的固定部分处理第 I 类和第 II 类领域共性点和差异点的依赖关系，以及领域内第 I 类和第 II 类领域共性点关联度大的多个具有复用潜力的资源的协作，描述接口对构件实现支持；可变部分在可视部分的基础上，主要处理第 III 类和第 IV 类领域共性点和差异点，描述构件实体实现中与软、硬技术平台相关的多种方案。构件隐藏部分是构件的具体实现，其固定部分的实现，包含在可复用资产中；可变部分的实现，一部分包含在可复用资产中，一部分可以根据复用者的需求，由复用者提供，或由复用者提出要求，再由生产者提供。

3. 聚合级构件的逻辑构成

ALC 的逻辑构成由一个 3 元组定义。

定义 2-6：ALC=<I，CF，AC>，其中 ALC（Aggregate Level Component）代表聚合级构件，I 代表构件接口，CF（Component Frame）代表构件框架，AC（Atom Component）代表原子构件。

I 定义了 ALC 的一个实例构件所拥有的接口集 Interfaces，分为入接口（Provide-interface）和出接口（Required-interface），I＝＜Provide-interface，Required-interface＞。Provide-interface 刻画一个操作集合，客户通过一个或多个 Provide-interface 请求构件服务；一个构件可以有多个 Provide-interface。Required-interface

描述构件对外界的请求，当构件完成某一功能时，可能需要其他构件的协作，Required-interface 指明了这种对外关系。

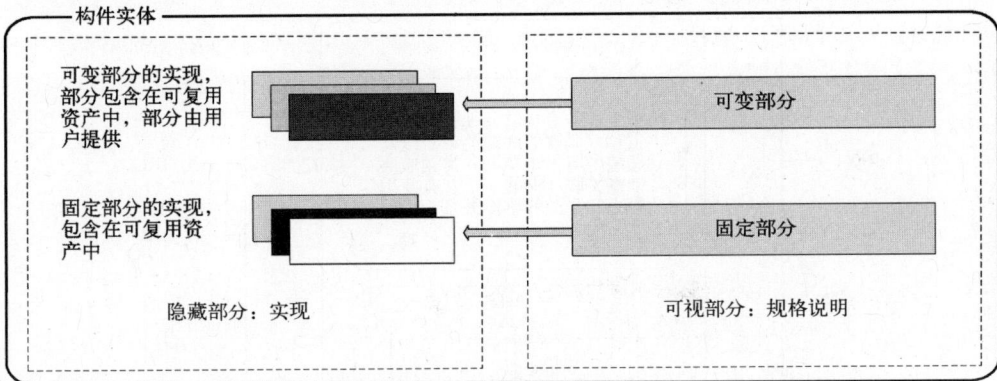

图 2-2 聚合级构件的物理构成

构件框架 CF 也称为构件容器（Component Container），主要固定第 I 类和第 II 类领域共性点和差异点的依赖关系，以及领域内第 I 类和第 II 类领域共性点关联度大的多个具有复用潜力的资源的协作关系。对于 ALC，不同构件的 CF 可能是不同的，即使对于同一可复用资源，不同的构件生产者生成的 CF 的内部结构也可能不同，其体现了构件生产者对领域共性和差异性的不同封装策略。CF 也是一个软件实体，该实体装配符合某种要求的原子构件 AC，允许 AC 的实例"插入" CF，为 AC 创建生存空间。构件框架 CF 可表示为 CF＝<FA，ACPP>，FA（Frame Architecture）代表框架结构，ACPP（Atom Component Pensile Point）代表原子构件悬挂点。框架结构封装领域共性和差异性的作用关系，处于 ALC 的内部，设计框架结构是生产 ALC 过程最棘手的问题；悬挂点描述 AC 的生存空间和插入点。

原子构件 AC 是不需要再分的构件，是基本复用单元，也具有接口和实现的划分，但其接口不具有变化性。一个 AC 的实例就是在固定第 III 类和第 IV 类领域共性点和差异点后，第 I 类和第 II 类领域差异点的一种具体实现，同类 AC 有多种实例。ALC 的示意图如图 2-3 所示。

4. 聚合级构件模型的领域共性和差异性支持机制

聚合级构件模型的领域共性和差异性支持机制由 3 个方面组成：①描述了 4 类领域共性点和差异点特征，指出分析它们的时机。②通过聚合级构件的物理构成和逻辑构成的分析和确定，规范了聚合级构件的领域共性和差异性的描述方法。③聚合级构件的物理构成和逻辑构成，给出了规范领域共性和差异性的描述方法，但聚合级构件模型本身并不提供关于领域共性和差异性的具体绑定方法。对于不同的聚合级构件，对于不同的构件开发者而言，所采用的领域共性和差异性的绑定方法可能是不同的。但聚合级构件模型指出，绑定领域共性和差异性，采用具有弹性的程序设计方法是基本要求，如面向对象的继承、组合、多态性，设计模式等。

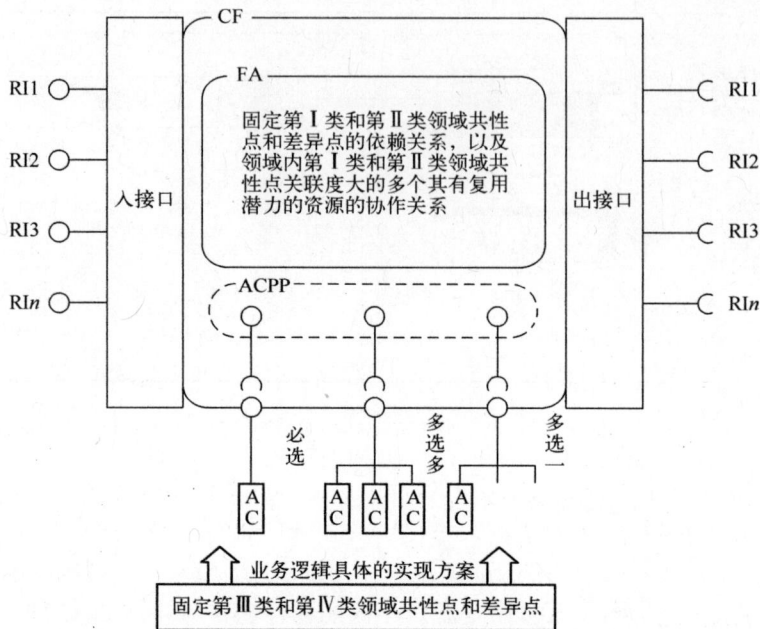

CF

FA

固定第Ⅰ类和第Ⅱ类领域共性点和差异点的依赖关系，以及领域内第Ⅰ类和第Ⅱ类领域共性点关联度大的多个其有复用潜力的资源的协作关系

入接口

出接口

RI1 RI1
RI2 RI2
RI3 RI3
RIn RIn

ACPP

必选   多选多   多选一

AC

AC AC AC   AC

业务逻辑具体的实现方案

固定第Ⅲ类和第Ⅳ类领域共性点和差异点

图 2-3　聚合级构件（ALC）的逻辑构成示意图

5. 聚合级构件描述初步分析

ALC 描述，主要规范 ALC 管理和复用过程中需要的重要信息，是对 ALC 实施形式化规约的基础，是 ALCM 的重要组成部分。以青鸟构件模型描述为参考，从概念、服务、接口、原子构件悬挂点、构件语境、构件实现体和构件注释 7 个方面规范构件，主要增加领域共性和差异性的描述机制。后文将对其进行深入研究。

2.1.5　聚合级构件的管理和组装

1. 聚合级构件的管理

基于 ALC 的构件库，以 ALCM 为基础，建立形式化的 ALC 描述语言，以构件描述语言为依据，形成构件库的数据模型。构件库在管理构件时，利用构件模型的概念规约对构件分类管理，形成具有领域特点的构件目录。用户使用构件库搜索构件时，按概念、服务、接口和原子构件悬挂点等的顺序，从抽象高的层次向抽象低的层次逐步求精，直到寻找到合适的构件。

2. 聚合级构件的组装

ALC 本身是大粒度构件，因此被组装系统可由系统构架、框架和 ALC 三层构建。在构件组装过程中，用户根据系统开发要实现的目的，按第 I 类和第 II 类领域共性点和差异点寻找合适的构件，根据系统开发所能提供的软、硬件技术平台的特点确定第III类和第IV类领域共性点和差异点处理方式，使 ALC 被具体化为特定的具体构件组装到系统中去。在绑定的过程，如果所实现的原子构件不能满足系统开发需要，则需用户提供原子构件的实现，或构件开发人员提出需求，因为所需要的原子构件可能不存在。

2.1.6　聚合级构件和非聚合级构件比较

1. 组装生成系统结构合理性和组装效益比较

构件复用过程中的组装推导，还需解决一个隐藏比较深的问题，即组装生成系统结构合理性的问题，实际上它是组装推导成功与否的核心标准，因为好的程序需要有好的结构。构件组装方式一般有两种：手工组装和自动组装。对于非 ALC，手工组装的问题是非 ALC 以小粒度构件居多，人工组装方式的任务量大，过程繁琐，组装技术难度高；自动组装是研究一些构件组装推导算法，形成非 ALC 组装推导机制，如基于代数演算的组装推导机制、基于进程代数方法的组装推导机制等，并在组装辅助工具中加以实现，在构件复用的过程中控制组装过程。基于非 ALC 的自动组装一般只考虑程序设计过程中一些最基本的特点，如顺序、选择和循环等要求，无法考虑当前面向对象程序设计方法中一些高级特征，如继承、多态性和组合等，也无法要求程序实现模块化、分层化、高内聚和低耦合等特点，否则这些方法都将变得复杂，可操作性急剧下降，或者根本不能实现。ALC 是大粒度的模板式的构件，组装工作分散在两个阶段。在构件生产阶段，能够较容易地引入高级的程序设计方法，使 ALC 具有良好的结构，同时封装部分领域共性和差异；在构件复用阶段，人工组装的方式能较顺利地实施，进行领域共性和差异性的二次绑定。相对而言，基于 ALC 进行组装，ALC 本身良好的结构和人工组装方式，能保证组装生成系统具有较好的结构；组装工作量较小，组装效益明显。

2. 聚合级构件和非聚合级构件详细比较

ALC 和非 ALC 的比较见表 2-1。

表 2-1　ALC 和非 ALC 的比较

序号	项　目	ALC	非 ALC
1	领域共性和差异性表现方式	单个 ALC 体现	一般通过多个非 ALC 集体体现
2	领域共性和差异性绑定时机	构件生产阶段第一次绑定，构件复用阶段第二次绑定	构件复用阶段绑定
3	构件冗余度	冗余度大	基本没有冗余度
4	构件设计要求	设计质量要求高，难度大	设计质量要求高，难度相对较小

（续）

序号	项　目	ALC	非 ALC
5	构件管理	数量小，相对容易管理	数量大，相对难管理
6	构件组装难度	人工组装相对简单， 组装难度相对较小	人工组装繁琐，组装工作量大； 自动组装对推导机制要求高，难度大
7	构件组装效益	相对较高	相对一般

2.2　聚合级构件标记语言 ALCML

2.2.1　XML 语言

1.　XML 语言简述

1969 年，IBM 的研究人员 Ed Mosher、Ray Lorie 和 F.Charles 发明了第一种现代标记语言——通用标记语言（Generalized Markup Language，GML），GML 是一种自参考的语言，它可以用于标记任何数据集合的结构，同时它也是一种元语言（Meta-Language）——能够描述其他语言及其语法和词汇表的语言。此后，GML 发展成了标准通用标记语言（Standard Generalized Markup Language，SGML）。1986 年，SGML 被国际标准化组织（International Organization for Standardization，ISO）接受为国际性的数据存储和交换的标准，并收录在 ISO 8879 当中。

1996 年，万维网协会开始设计一种可扩展的标记语言，使其能够将 SGML 的灵活性和强大功能与已经被广泛采用的 HTML 结合起来。这种后来变成 XML 的语言继承了 SGML 的规范，而且实际上就是后者的一个子集。从 SGML 入手，使得该设计小组能够将精力集中在简化已有的成果上。SGML 已经提供了一种可以无限扩展的语言，它允许任何人能够根据自己的需要加以扩充。XML 之所以要较 SGML 更为简化，很大程度上是出于易用性的考虑：人们对标记的读写过程应该使用现有的、简便通用的工具。同时，也应当简化计算机对文档和数据交换的处理。由于有太多的可选功能，SGML 变得过于复杂，以至于很难编写出针对这种语言的普通解释器，而 XML 的解释器则简单得多。此外，XML 使得现有的 Internet 协议和软件更为协调，从而简化了数据处理和传输。作为一个不错的 SGML 子集，XML 还保持了对现有面向 SGML 系统的向下兼容性，这样用 XML 标记过的数据仍然可以在这些系统中使用，为基于 SGML 的行业节省了大笔的改造费用。同时，与 Web 的结合也使得它们更便于被访问。1998 年 2 月，XML1.0 成了 W3C 的推荐标准。

2.　XML 语言的语法特点

XML 提供了定义语言标记（Tag）的规则，这些标记将文档逻辑地划分为许多部件，并对这些部件加以标识。XML 文档中任意一个开始标记和它对应的结束标记包含的部分被称为一个元素（Element）。每个 XML 文档中应该只有一个根元素，所有的子元素和递归子元素都有开始标签和结束标签，并且所有的元素都是严格嵌套的。这样的 XML 文档被称为"形式良好的（Well-formed）"。一个形式良好的 XML 文档的逻辑结构就是一个有唯一根结点的树，被称为文档树（Document Tree）。

3. XML 的 DTD/Schema

最初的 XML 规范使用 DTD（Document Type Definition）为 XML 文档定义语法。DTD 定义了可以使用的标记、允许的元素嵌套规则和元素的属性。如果一个形式良好的 XML 文档遵循它引用的 DTD 定义的所有约束，这个 XML 文档就被称为"有效的(Valid)"。随着 XML 的广泛应用，DTD 的缺点也逐渐暴露出来：它使用非 XML 的语法规则，描述能力有限；不支持多种数据类型，在大多数应用环境下能力不足；约束定义能力不足，无法对 XML 实例文档做出更细致的语义描述；它的创建和访问并没有标准的编程接口，无法使用标准的编程方式进行维护。因此，W3C 推荐了一种更为有效的方法——XML Schema。XML Schema 提供了基本的数据类型并且允许创建新的数据类型；它使用和 XML 文件一样的语法，可以类似 XML 文件一样被处理；它集成了名字空间（Name Space），保证了不同语言词汇表中元素声明的区分。

2.2.2　基于 XML 描述聚合级构件

1. 聚合级构件描述的要求

对于聚合级构件描述的要求，主要有以下 3 点：

（1）描述语言有足够强的表达能力。对聚合级构件描述所得的结果主要用于构件管理和构件组装，是从构件的外部对构件内部特征的抽象，描述语言表达能力的强弱，直接影响对构件主要特征准确和完整地描述。

（2）简单性。简单性是聚合构件描述语言必须考虑的重要要求，简单意味着易于掌握和理解，为了扩大聚合级构件的使用，聚合级构件描述语言必须力求简单。

（3）易于扩展。聚合级构件模型是一种新生的构件模型，其还要不断发展才能获得完善，对于聚合级构件的描述语言，应能适应聚合级构件模型发展的要求，根据变化随时进行调整。

2. 基于 XML 描述聚合级构件的优点

之所以选择 XML 作为聚合级构件描述语言的元语言是因为：

（1）XML 是一种跨平台的开放式的语言，可自定义标记，它的 DTD/Schema 实质上是一种元模式的数据描述语言，它提供了语法元素、元素属性及语法解析规则的定义方法。这使得它具有丰富的描述能力和较强的可扩展能力，这正是聚合级构件描述所注重的。可以为一个构件描述的每一个描述部分在 DTD/Schema 中定义标签，每个构件实例 XML 描述在框架下进行组合，形成一份对该构件的 XML 描述文档，使之具有裁剪适宜、表达恰当的描述。

（2）XML 有着极其灵活的标识，能够方便地查找、定位、插入对象，使得系统通过对构件描述文档的交互，能很好地实现对构件描述的添加和删除等操作。

（3）相应的 DTD/Schema 可以较好地保证描述数据的一致性。XML 的 DTD/Schema 是 XML 语言形式和完整定义的理想描述技术，可以提供系统的一致性约束和正确性验证。

（4）XML 中的转换机制（XSLT）为 XML 描述的转换以及 XML 描述的显示提供了较强的控制，它可以把对构件的描述信息容易地展示给用户。

（5）XML 本身还提供了一套 XPATH 查询机制，有力地支持了检索的实现，进一步提高了构件库的查询与检索服务质量。

2.2.3 聚合级构件的描述框架

ALC 描述框架，主要规范 ALC 管理和复用过程中需要的重要信息，是对 ALCM 实施形式化规约的基础。

2.2.3.1 聚合级构件描述框架的层次划分

从抽象的角度看，对构件的描述一般从概念、接口和实现 3 个方面进行。ALC 描述，以青鸟构件模型描述为参考，从概念、服务、接口、原子构件悬挂点、构件语境、构件实现体和构件注释 7 个方面描述构件，主要不同是增加了领域共性和差异性的描述机制。见表 2-2。

表 2-2 聚合级构件描述框架的层次划分

层 次	内 容	共性和差异性
概念	（1）概念	
接口（抽象）	（2）服务 （3）接口（具体） （4）原子构件悬挂点	体现第 I 类和第 II 类领域共性点和差异点
实现	（5）构件语境 （6）构件实现	固定第III类和第IV类领域共性点和差异点
附注	（7）构件附注	

2.2.3.2 完整的描述

1. 概念

概念是构件功能的抽象描述，多采用名词表示，如天基作战系统仿真中的侦察卫星、卫星测控站等，这类名词术语多采用领域内公认的词汇，以便于直观地理解和相互交流。在此采用一个主概念名词，多个辅助概念名词进行描述，同时附以应用领域、大致功能的描述性说明。

2. 服务

"服务"是一组紧密耦合的对外提供和对外请求功能的集合，本质上是一种高层接口，描述粒度比一般意义上的接口大，引入服务规约主要是提升构件的复用层次。聚合级构件服务的描述，目前还不能用形式化的方式进行，主要以文字描述为主，采用选择方式。所描述内容包括主服务名、子服务名和差异点变化方式。下面是对侦察卫星仿真服务规约的描述。

侦察卫星仿真（概念）

卫星轨道推进（共同点；差异点多选一）

仿真卫星轨道推进 1 天（差异点）；

仿真卫星轨道推进 10 天（差异点）；

仿真卫星轨道推进 30 天（差异点）；

卫星信息侦察（共同点；差异点多选多）

仿真成像载荷侦察（差异点）；

仿真海洋监视载荷侦察（差异点）；

仿真雷达载荷侦察（差异点）；

……

3. 接口

接口给出了构件对外行为的描述，分入接口和出接口。接口描述的内容主要包括相应的服务名、函数名、函数返回类型、参数名与参数类型和详细描述文件地址。

4. 原子构件悬挂点

原子构件悬挂点描述原子构件的生存空间和插入点。描述内容主要包括相应的子服务名、函数名、参数返回类型、参数名与参数类型和详细描述文件地址。原子构件悬挂点所描述的内容和接口描述的内容可能类似。

5. 构件语境

构件语境描述构件的软、硬件实现环境。构件语境的描述内容以构件语境方案的形式存在，每个方案包括软件环境如语言、编译系统、操作系统等，硬件如网络环境、计算机等。

6. 构件实现体

这是构件的具体实现部分，是实际完成被用于复用、构造应用系统的软件成分。构件实现体规约以构件实现体方案的形式存在，每个方案包括构件语境方案、构件服务名、已实现原子构件、未实现原子构件、构件实现体的存储地址等描述。

7. 构件注释

构件注释描述与构件相关的外围信息，如构件生产日期、构件作者、构件版本等。

2.2.3.3 构件框架的描述

聚合级构件模型描述不包括构件框架的描述。因为聚合级构件本身是大粒度构件，不存在小粒度构件复合成为大粒度复合构件过程，只存在大粒度构件与软件框架、软件构架复合的问题，所以构件框架本身隐藏在构件的内部，不需要对外公布。

2.2.4 聚合级构件标记语言的设计方案

1. 聚合级构件标记语言的设计原则

ALCML 的设计遵循以下的原则：

（1）基于聚合级构件描述框架进行语言定义。

（2）具有较强的可扩展性。ALCML 应该能够提供一个可扩展的框架，随着研究的深入，可以容易地根据具体的需要进行扩展。

（3）支持领域共性点和差异点的体现。

（4）易于构件的管理和组装，提供利于管理的数据模型，以及用于组装的信息，支持源代码级或对象级构件组装。

（5）把握简单性和易理解性之间的平衡。简单的语言为设计者提供了便利，但是过于简单的语言会给构件使用用户造成困难，应慎重选择平衡点。

2. 聚合级构件标记语言的总体结构

ALCML 用两个 Schema 来定义描述 ALC 的建模元素。如表 2-3 所列，style.xsd 定义了描述 ALC 的语言元素：概念类型（concept）、服务类型（services）、接口类型（interfaces）、原子构件悬挂点类型（ACPPs）、构件语境类型（soft-hard-environment）、构件实现体类型（component-entitys）、构件备注类型（component-note），共 7 种主类型和 11 种基础类型；alcml.xsd 在 style.xsd 的基础上定义了 ALC 描述的框架类型（Alcm-componentType）和框架元素（Alcm-component）。ALCML Schema 限定了 ALC 描述的数据结构、最大/最小值、默认值、枚举值、字符串模式等，并对元素名称和关键字进行唯一性限制。

表 2-3　ALCML 定义语言元素的两个 Schema

Schema	ALCML 的建模元素	语言框架
style.xsd	concept, services, interfaces, ACPPs, soft-hard-environment, component-entitys, component-note, main- serviceType; main-serviceType, child-serviceType, interface Type, functionType 等	元语言层
alcml.xsd	Alcm-componentType；Alcm-component	模型层
xxx.xml	ALC 描述实例	实例层

表 2-3 中的 ALCML 的建模元素被划分为 3 层——元语言层、模型层和实例层，元语言层定义模型层，模型层定义具体的实例。在这种框架下，聚合级构件

标记语言设计，可以根据需要对元语言层和模型层进行扩展，实现对 ALCML 的扩展。

3.　聚合级构件标记语言的框架类型和框架元素

手工编写 Schema 文档是十分费事的，在此本书采用国际上最为通用的 XMLSpy 设计环境定义 ALCML 语言需要使用的 Schema 结构图。图 2-4 就是在 XMLSpy2006 设计环境下设计的聚合级构件标记语言的框架类型的树状结构图。此框架类型有 Alc-Concept、Alc-Services、Alc-Interfaces、Alc-ACPPs、Alc-Hard SoftEnvieroment、Alc-ComponentEntity、Alc-ComponentNote 七种子元素，和聚合级构件的描述框架存在紧密对应关系。下面是聚合级构件标记语言框架类型的结构图和 XML 源码。

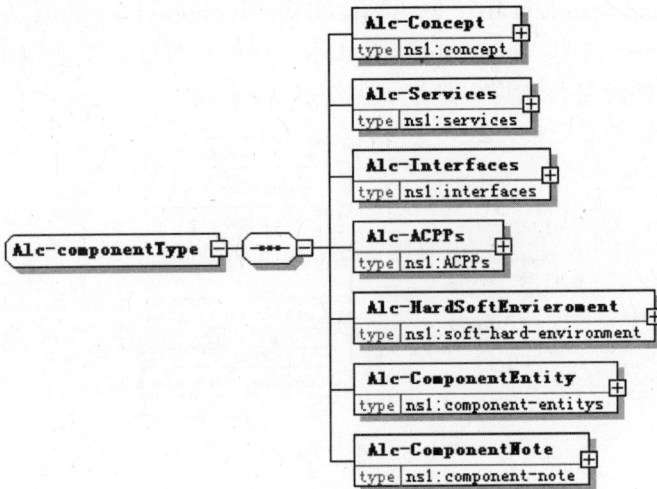

图 2-4　ALC 标记语言框架类型结构图

```
……
<xs:element name="Alc-component" type="Alc-componentType">
  <xs:annotation>
    <xs:documentation>Comment describing your root element</xs:documentation>
  </xs:annotation>
</xs:element>
<xs:complexType name="Alc-componentType">
  <xs:sequence>
    <xs:element name="Alc-Concept" type="ns1:concept"/>
    <xs:element name="Alc-Services" type="ns1:services"/>
    <xs:element name="Alc-Interfaces" type="ns1:interfaces"/>
    <xs:element name="Alc-ACPPs" type="ns1:ACPPs"/>
    <xs:element name="Alc-HardSoftEnvieroment" type="ns1:soft-hard-environment"/>
    <xs:element name="Alc-ComponentEntity" type="ns1:component-entitys"/>
```

```
      <xs:element name="Alc-ComponentNote" type="ns1:component-note"/>
   </xs:sequence>
</xs:complexType>
```

2.2.5　定义聚合级构件标记语言的元素

七种语言元素是构成聚合级构件标记语言框架类型和框架元素的基本成分，也是聚合级构件标记语言的核心部分。下面对其组成内容、结构图和 XML 源码进行研究。

1. 概念类型的定义

概念类型包括 main-concept、child-concept、application-field、concept-address四个子元素。main-concept 用于说明构件的功能，child-concept 可以有多个，用于辅助 main-concept 说明。application-field 用于说明构件的详细应用领域，concept-address 说明构件源文件的详细地址。图 2-5 为概念类型结构图。

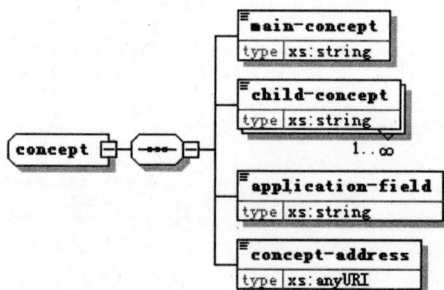

图 2-5　概念类型结构图

下面是概念类型定义的 XML 源码。

```
......
<xs:complexType name="concept">
  <xs:sequence>
    <xs:element name="main-concept" type="xs:string"/>
    <xs:element name="child-concept" type="xs:string" maxOccurs="unbounded"/>
    <xs:element name="application-field" type="xs:string"/>
    <xs:element name="concept-address" type="xs:anyURI"/>
  </xs:sequence>
</xs:complexType>
......
```

2. 服务类型的定义

服务类型定义包括 main-service-id、main-service-name、main-service-Extended Name、main-service-address、child-services 五个子元素，其中 child-services 也是

一个复合类型。main-service-id 唯一标志一个服务，main-service-name 和 main-service-ExtendedName 分别是这个服务的主服务名和扩展主服务名，用于检索和增加检索的成功率。main-service-address 标明服务说明的详细地址。一个主服务包括一个子服务集，子服务集是主服务的特殊情况说明，体现了第 I 类和第 II 类领域共性点和差异点之间的依赖关系。图 2-6 为服务类型结构图。

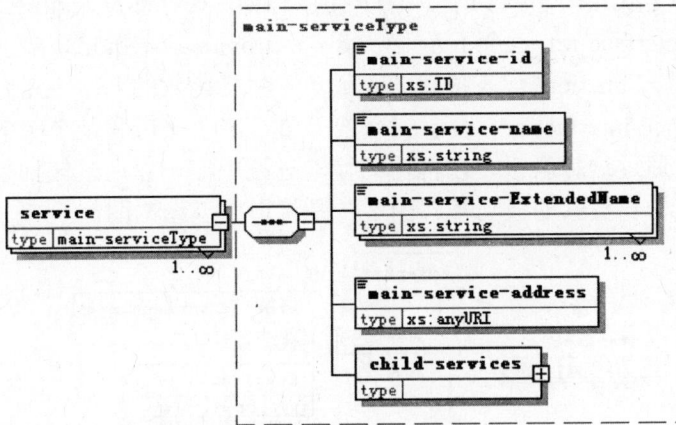

图 2-6　服务类型结构图

下面是服务类型定义的 XML 源码。

```
……
<xs:complexType name="services">
  <xs:sequence>
    <xs:element name="service" type="main-serviceType" maxOccurs="unbounded"/>
  </xs:sequence>
</xs:complexType>
<xs:complexType name="main-serviceType">
  <xs:sequence>
    <xs:element name="main-service-id" type="xs:ID"/>
    <xs:element name="main-service-name" type="xs:string"/>
    <xs:element name="main-service-ExtendedName" type="xs:string" maxOccurs="unbounded"/>
    <xs:element name="main-service-address" type="xs:anyURI"/>
    <xs:element name="child-services">
      <xs:complexType>
        <xs:sequence>
          <xs:element name="child-service" type="child-serviceType" maxOccurs="unbounded"/>
        </xs:sequence>
      </xs:complexType>
```

```
            </xs:element>
          </xs:sequence>
        </xs:complexType>
      ……
```

3. 接口类型的定义

接口类型定义了一个接口集。每个接口包括 provide-or-required、function、MainService-interface-ref 三个子元素。其中，provide-or-required 表明接口是出接口或是入接口。Function 代表接口的函数集，包括函数的名字、返回类型和参数集。MainService-interface-ref 表示一个索引值，表明接口和某个服务或某几个服务间的联系。通过这种联系，在构件的检索过程中，可以通过较抽象的服务来寻找接口，提高构件检索的成功率。图 2-7 是接口类型结构图。

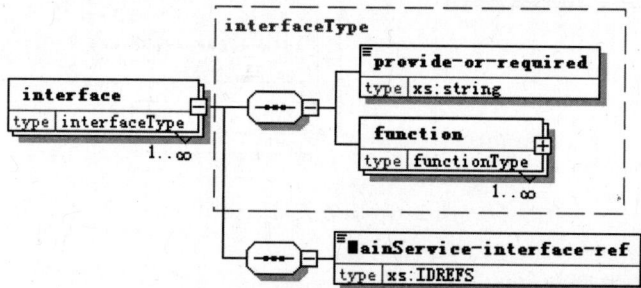

图 2-7　接口类型结构图

下面是接口类型定义的 XML 源码。

```
      ……
      <xs:complexType name="interfaces">
        <xs:sequence>
          <xs:element name="interface" maxOccurs="unbounded">
            <xs:complexType>
              <xs:complexContent>
                <xs:extension base="interfaceType">
                  <xs:sequence>
                    <xs:element name="MainService-interface-ref" type="xs:IDREFS"/>
                  </xs:sequence>
                </xs:extension>
              </xs:complexContent>
            </xs:complexType>
          </xs:element>
        </xs:sequence>
      </xs:complexType>
      <xs:complexType name="interfaceType">
```

44

```
    <xs:sequence>
      <xs:element name="provide-or-required" type="xs:string"/>
      <xs:element name="function" type="functionType" maxOccurs="unbounded"/>
    </xs:sequence>
  </xs:complexType>
……
```

4. 原子构件悬挂点类型的定义

原子构件悬挂点类型定义了原子构件悬挂点集，每个原子构件悬挂点元素包括 functions 和 ChildService-ACPP-ref 两个子元素。Functions 的类型是 functionType，和接口的 functionType 是一致的。ChildService-ACPP-ref 表明了服务规约的子服务和原子构件悬挂点的紧密对应关系。原子构件悬挂点集是第 I 类和第 II 类领域差异点的直接体现。图 2-8 是原子构件悬挂点类型结构图。

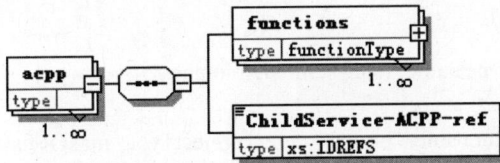

图 2-8　原子构件悬挂点类型结构图

下面是原子构件悬挂点类型定义的 XML 源码。

```
……
<xs:complexType name="acpps">
  <xs:sequence>
    <xs:element name="acpp" maxOccurs="unbounded">
      <xs:complexType>
        <xs:sequence>
          <xs:element name="functions" type="functionType" maxOccurs="unbounded"/>
          <xs:element name="ChildService-ACPP-ref" type="xs:IDREFS"/>
        </xs:sequence>
      </xs:complexType>
    </xs:element>
  </xs:sequence>
</xs:complexType>
……
```

5. 构件语境类型的定义

构件语境类型定义了构件语境方案集。每个方案集元素包括 project-num、soft-environment 和 hard-environment 三个子元素。project-num 是一个索引值，唯一标志一个方案；soft-environment 表明了构件使用的软件环境；hard-environment 表明了构件使用的硬件环境，三者的综合决定了一种方案。一个方案是固定第Ⅲ类和第Ⅳ类领域共性点和差异点的一个具体表现。图 2-9 是方案类型结构图。

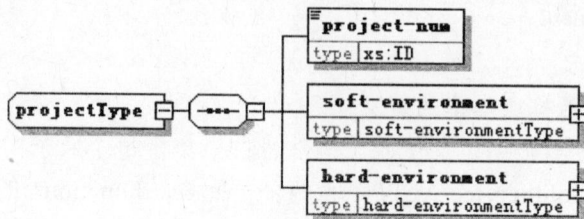

图 2-9　方案类型结构图

下面是构件语境类型定义的 XML 源码。

```
……
<xs:complexType name="soft-hard-environment">
  <xs:sequence>
    <xs:element name="project" type="projectType" maxOccurs="unbounded"/>
  </xs:sequence>
</xs:complexType>
<xs:complexType name="projectType">
  <xs:sequence>
    <xs:element name="project-num" type="xs:ID"/>
    <xs:element name="soft-environment" type="soft-environmentType"/>
    <xs:element name="hard-environment" type="hard-environmentType"/>
  </xs:sequence>
</xs:complexType>
……
```

6. 构件实现体类型的定义

构件实现体类型定义了构件实现体集，每个构件实现体是特定构件语境方案下构件的实现。构件实现体类型定义包括 project-num-ref、component-frame-exist、atom-component、project-resource、projcet-copyright 和 project-address 六个子元素。project-num-ref 表明构件所实现的方案，是索引值引用类型。component-frame-exist 是 boolean 类型，表明此种方案下构件框架实现与否。atom-component 定义了原子构件集，表明了某种服务的子服务的原子构件实现与否。project-resource、projcet-copyright 和 project-address 分别说明了方案的来源、方案的版权和方案文件的详细地址。图 2-10 是构件类型实现体的结构图。

下面是构件实现体类型定义的 XML 源码。

```
……
```

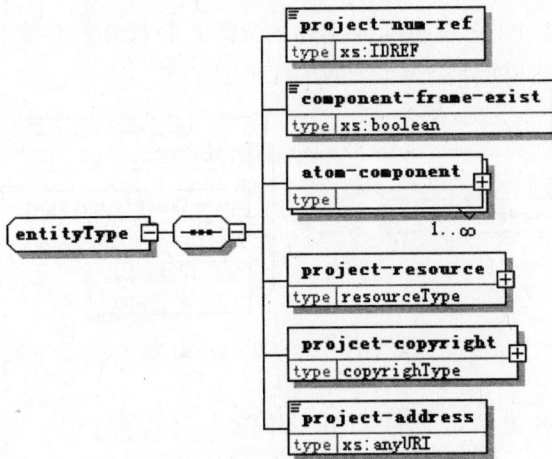

图 2-10   构件类型实现体的结构图

```
<xs:complexType name="component-entitys">
  <xs:sequence>
    <xs:element name="entity" type="entityType" maxOccurs="unbounded"/>
  </xs:sequence>
</xs:complexType>
<xs:complexType name="entityType">
  <xs:sequence>
    <xs:element name="project-num-ref" type="xs:IDREF"/>
    <xs:element name="component-frame-exist" type="xs:boolean"/>
    <xs:element name="atom-component" maxOccurs="unbounded">
      <xs:complexType>
        <xs:sequence>
          <xs:element name="ACPP-ref" type="xs:IDREFS"/>
          <xs:element name="AC-type" type="xs:string"/>
          <xs:element name="AC-resource" type="resourceType"/>
          <xs:element name="AC-copyright" type="copyrighType"/>
          <xs:element name="AC-address" type="xs:anyURI"/>
        </xs:sequence>
      </xs:complexType>
    </xs:element>
    <xs:element name="project-resource" type="resourceType"/>
    <xs:element name="projcet-copyright" type="copyrighType"/>
    <xs:element name="project-address" type="xs:anyURI"/>
  </xs:sequence>
```
……

7. 构件注释类型的定义

构件注释类型的定义包括 component-resource、component-copyright 和 note-address 三个子元素，分别说明构件主体的来源、版权和构件主体详细说明文件的地址。图 2-11 是构件注释类型的结构图。

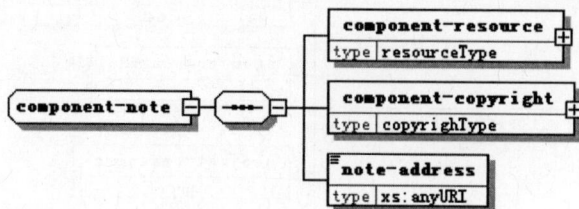

图 2-11　注释类型结构图

下面是构件注释类型定义的 XML 源码。

```
……
<xs:complexType name="component-note">
  <xs:sequence>
    <xs:element name="component-resource" type="resourceType"/>
    <xs:element name="component-copyright" type="copyrighType"/>
    <xs:element name="note-address" type="xs:anyURI"/>
  </xs:sequence>
</xs:complexType>
……
```

2.3　本章小结

形成基于装备保障仿真构件的仿真系统开发方法的关键，是寻找合适的构件模型和构件描述语言，构筑坚实的基础。本章在两个方面展开研究，取得如下研究成果：

（1）针对当前构件自动组装推导机制不完善，主流构件规约/组装模型对组装性支持的不足，提出了一种改进的构件模型——ALCM。论述了提出 ALCM 的依据，定义和分析了 ALCM 的基础——领域共性点和差异点及其特点。在领域共性点和差异点的基础上给出了聚合级构件（ALC）的定义，研究了 ALC 的物理构成、逻辑构成、描述、ALC 的组装和管理，之后比较了 ALC 和非 ALC 的优劣。在装备保障模拟推演系统的开发中，利用 ALCM 的基本思想，在较短的时间内获得了可观的复用效益。

（2）基于可扩展标记语言 XML，在聚合级构件描述框架的基础上，结合 XML 语言的特点和用法，提出了聚合级构件形式化的描述语言——聚合级构件标记语言（ALCML），研究了 ALCML 的总体方案，定义了 ALCML 的语言元素。应用 ALCML 能较好地描述聚合级构件，应用于构件的管理和组装。

第3章 装备保障仿真构件的生产

完善的基于装备保障仿真构件的仿真系统开发方法，需要具有丰富构件的构件库支持。生产可复用构件，比开发一般软件资产的难度大得多，投入也非常可观。如果所开发构件的复用性不高，或者领域构件开发得不完整，将严重影响开发方法的效果。

本章主要解决两个问题：

（1）划分装备保障仿真领域，把装备保障仿真领域划分为多个较小的子领域。

（2）寻找合适的领域工程方法，对子领域进行分析，用于发现并生产聚合级构件。

3.1 装备保障仿真构件库和构件生产

评价装备保障仿真构件库，可从动态和静态两个方面衡量。

动态方面的评价指标，主要指其进化能力和检索适配能力。构件库能够随着领域开发的完善，不断增加构件库中的构件数量；随着领域本身的发展，不断淘汰过时的构件，增加适当的新构件，则说明构件库具有进化能力。检索适配能力，指构件库具有精确检索到合适构件的能力。这两方面能力的实现和构件库系统的设计有直接的关系。

静态方面的评价指标，主要指其对仿真系统开发过程的支持度和对领域功能点的覆盖率。装备保障仿真系统的开发过程，不管是面向对象的开发方法还是基于装备保障仿真构件的仿真系统开发方法，都有需求分析、系统分析和系统设计等阶段，构件库对这些阶段是否支持，支持的力度如何，反映了其对开发过程的支持度，这是从纵向察看构件库的静态能力。基于装备保障仿真构件，开发装备保障仿真系统，是否在需要的时候能从构件库检索到合适的构件，一般的适配概率是多少，反映了构件库对领域功能点的覆盖率，这是从横向的角度察看构件库的静态能力。

装备保障仿真构件库的发展目标，是要实现"全程支持装备保障仿真系统的开发过程，尽量满足大多数仿真系统的开发要求"这一基本目标。装备保障仿真构件库静态能力的实现，和装备保障仿真构件的生产有着紧密的联系。

聚合级构件模型，规定聚合级构件支持需求分析件、系统分析件、设计件、代码件和测试数据的复用，所以聚合构件模型决定了装备保障仿真构件库对仿真系统开发过程有着较好的支持度。装备保障仿真构件的生产，对于装备保障仿真构件库发展目标的实现，所剩下的主要任务是对领域进行分析，较为全面地发现可复用的构件，获得较高的领域功能点覆盖率。领域功能点覆盖率的高低，则取决于领域工程方法的好坏。

3.2　装备保障仿真构件生产的思路

在聚合级构件模型的支持下，装备保障仿真构件生产的主要任务是分析装备保障仿真领域，尽可能全面地寻找可复用构件。

装备保障仿真的应用范围十分广泛，装备保障领域的内容非常丰富和复杂。直接对装备保障仿真领域实施领域工程分析，所涉及的面很广，难度很大。从现实的情况，目前还没有哪个从事装备保障仿真开发的组织，具备单独对装备保障仿真领域实施领域工程的能力。所以对装备保障仿真领域实施划分，形成多个较小的子领域，由不同的组织分别对子领域实施领域工程，是非常必要的。

另外，从装备保障仿真构件库系统的实现方式来看，可以采取大构件库和小库集群两种方式。大构件库指所有的构件放入一个整体构件库，对构件实施集中式管理。小库集群指把构件放入多个在地理上分散、具有完整独立管理能力的小构件库，多个小的构件库集群形成一个完整的领域构件库，从外在观察它们是一个整体，但实质上它们是分散的。从构件库系统实现的角度看，大的构件库在实际操作上有较大难度，原因在于一个单位往往难以单独支撑一个大的构件库的建立。小构件库集群的方式，在合理划分子领域基础上，多个组织分别完成一个或几个子领域的构件库，通过集成形成一个完整的领域构件库，这种方式实现起来成功的可能性较大。

因此，装备保障仿真构件生产的基本思路，是对装备保障领域实施划分，并寻找合适的领域工程方法，通过领域内多方合作，在领域内共同实施领域工程以生产构件。

3.3　装备保障仿真领域的划分

3.3.1　装备保障仿真领域划分的方法基础

3.3.1.1　装备保障仿真领域划分的依据

目前关于领域（Domain）的定义有多种形式。在软件工程环境中，领域是指一组具有相似或相近软件需求的应用系统所覆盖的功能、问题、问题解决方案或知识区域。

对装备保障仿真领域进行划分将基于以下两个基本的假定：

（1）可复用信息的领域特定性。可复用性不是信息的一种孤立属性，它往往依赖于特定的问题和特定的问题解决方法，即我们所说某类信息具有可复用性，是指当使用特定的方法解决特定的问题时，它是可复用的。基于这种特征，在识别、获取和表示可复用信息时，应该采用面向领域的策略。

（2）领域的内聚性和稳定性。关于现实世界问题领域的解决方法的知识是充分内聚和充分稳定的，这一基本认识是实际观察的结果，也是知识获取和表示的意义所在。内聚性使得可以通过一组有限的、相对较少的可复用信息来把握可以解决大量问题的知识。稳定性使得获取和表示这些信息所付出的代价，可以通过在较长时间内多次复用它们来得到补偿。

随着装备保障力量的建设和装备保障研究的深入，装备保障领域已具有一定的成熟度和稳定性，而且已有相当数量的领域专家和工程技术人员，这些都有助于强化装备保障仿真领域的内聚性和稳定性。但是，装备保障仿真领域还不具备充分的内聚性，因为装备保障和装备保障仿真是一个发展中的领域，该领域的各组成部分还不是完全紧密相关的，各个组成部分还存在发生变化的可能性，甚至存在发生剧烈变化的可能性。因此，要对装备保障仿真领域进行具体的研究，根据该领域内各个部分的发展情况，分析其内聚性和稳定性，确定其是否具备划分为子领域的条件。

3.3.1.2　装备保障仿真领域划分的原则

根据领域划分的依据，考虑装备保障仿真领域的发展特点，结合领域工程的需要，现提出装备保障仿真领域划分的 4 条原则：

（1）子领域要有充分的内聚性和足够的完整性。一个子领域中不应包含太多互不相关或相关程度很低的组成部分，否则所建立的可复用资源的复用性必然不高。另一方面，子领域的范围也不应过于狭小，过于狭小的子领域将没有足够的完整性，会降低领域工程产品的复用价值。

（2）对装备保障仿真应用进行一定程度的抽象，把具有相似需求特征的应用系统划分到同一个子领域中。如装备保障预推演系统和某装备保障攻防仿真系统，它们在处理流程上有一些差别，但需求模型、系统的体系结构、大部分主要构件方面都存在类似性，且这些差别限制在领域工程对"可变性"的容许范围之内，因此这两种应用系统可划分到同一个子领域中。

（3）装备保障仿真领域具有整体性特征，划分子领域要体现各子领域之间的相关性。

（4）对装备保障仿真领域的划分应分别从纵向和横向两个角度来进行。纵向划分的结果是若干"垂直子领域"，垂直子领域中的系统是一个完整的可部署的应用系统；横向划分的结果是"水平子领域"，水平子领域中的成分是许多应用系统所共享的组件或"子系统"，例如维修保障仿真子系统、指挥控制子系统等，水平子领域可横跨多个垂直子领域。可以认为，纵向划分是从使用者的角度进行的，是面向应用的；横向划分是从开发人员的角度进行的，是面向系统开发的。

3.3.2 装备保障仿真的应用领域

随着装备保障力量建设和装备保障研究的深入，仿真对装备保障力量建设和装备保障研究的推动作用逐渐凸显出来，正在装备保障力量建设、装备保障战法研究和装备保障训练等多个领域发挥着重要作用。

1. 指挥训练

装备保障指挥训练主要依托装备保障指挥模拟训练环境，针对陆军部队可能承担的作战任务，以装备保障指挥实际需求为依据，支持陆军部队装备指挥机关或院校学员开展全系统、全过程的装备保障指挥模拟训练。训练采用集团作业和编组作业两种模式，可适用于基础理论培训、专业知识培训、模拟培训（单装操作、组网训练、综合演练）等环节，以提高装备指挥人员的业务筹划、分析、协调、决策等能力，为部队输送"精技术、懂管理、能指挥"的装备保障指挥人才（图3-1）。

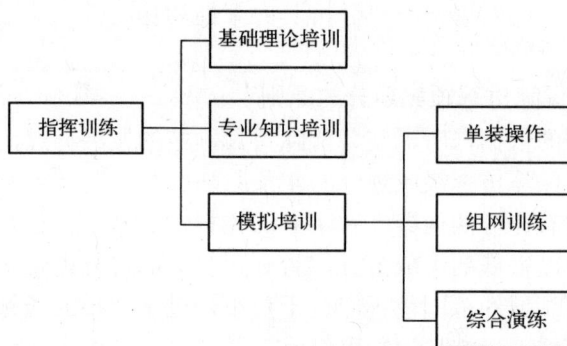

图 3-1　装备保障指挥训练

2. 效能评估

依据陆军部队保障能力评估标准，对装备保障系统建设水平和遂行任务能力展开定性和定量化综合评价，实现对保障要素的分析与论证、保障系统结构的设计与优化、保障模式的探索与创新（图3-2）。针对不同作战任务需求，通过作战对抗仿真、人工导调和部队实兵推演三种方式，以装备保障仿真系统和装备保障效能评估系统为实验与验证手段，在贴近实战的模拟环境与条件下，以高分辨率保障过程与行动仿真数据为基础，研究分析在特定作战样式、特定战场环境和特定作战任务下，保障力量编组与运用、保障资源配置与优化、保障行动协调与控制等问题，以规范保障业务流程、优化保障方案、创新保障法，获取装备保障系统的最大保障效能。

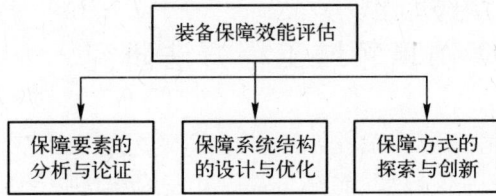

图 3-2　装备保障效能评估

3. 体系论证

装备保障体系论证，采用综合分析与仿真技术，对陆军装备保障体系结构中的六大组成，即：组织管理体系、标准法规体系、储备供应体系、装备维修体系、保障理论体系和保障人才体系（图 3-3），展开多层次、多方位论证研究，重点突出信息化条件下装备保障体制与运行机制、装备保障资源配置与优化、装备保障组织与指挥、等方面的研究，从而为陆军装备保障军事需求分析、陆军保障装备体系发展论证提供决策依据，为陆军装备保障发展与规划提供决策咨询。

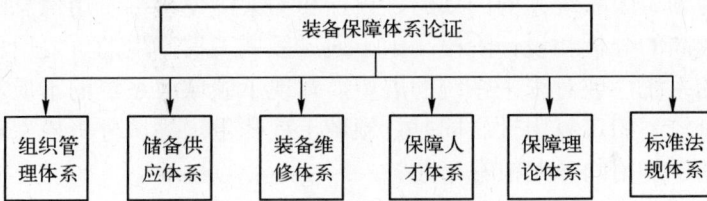

图 3-3　装备保障体系论证

3.3.3　装备保障仿真领域的特点

从装备保障仿真的应用领域和层次看，装备保障仿真领域具有以下几个显著的特点：

（1）装备保障仿真的应用种类多，应用环境复杂，它涵盖了一般作战仿真涉及的所有领域，如战法研究、武器装备发展规划和论证、作战保障研究和作战指战人员训练等众多的应用。

（2）从大的范围来看，装备保障仿真是一个庞大的系统工程，各类、各层次的装备保障仿真应用是相互联系的有机整体，不同的装备保障仿真应用之间存在明显的相关性。

（3）由于装备保障是一个快速发展中的领域，决定了装备保障仿真是一个发展中的新兴领域。装备的发展变化和装备保障发展方向的不确定性，导致装备保障仿真领域同样存在不确定性。

3.4 装备保障仿真领域工程方法研究

当前已经出现的诸多领域工程方法，存在较多的相同之处，同时又存在一定的差异性，有着各自不同的适用情况。软件开发组织选择领域工程方法，需要根据本组织具体的复用情况，在具体的复用环境下对领域工程方法进行取舍。

3.4.1 领域工程

3.4.1.1 领域工程的研究现状

一般而言，领域工程是针对一个应用领域中的若干系统进行分析，并识别这些系统共享的领域需求，设计出能够满足这些需求的领域构架 DSSA（Domain Specific Software Architecture），并在此基础上开发和组织该领域可复用构件的过程。

领域工程是基于构件的软件开发方法的重要阶段之一，给复用活动提供了有力的支持。首先，领域工程有助于产生具有较高可复用性的构件。它将关于领域的知识转化为领域中系统共同的规约、设计和构架，使得可复用信息的范围扩大到抽象级别较高的分析和设计阶段。由于通过领域工程产生的可复用构件来源于领域中现有的系统，或对未来系统的展望，体现了领域中系统的本质需求，因此这些构件具有较高的可复用性。同时，领域工程产生了领域分析模型和特定领域构架，对于基于复用的开发很有帮助。

经过多年的研究与实践，当前已提出若干种领域工程方法，取得了一定的成果。其中比较有代表性的方法是卡耐基梅隆大学软件工程研究所提出来的 FODA 方法、Will Tracz 提出来的 DSSA 领域工程方法、乔治梅森大学 Hassan Gomaa 教授提出来的 EDLC 模型、贝尔实验室提出来的 FAST 领域工程方法和国内的青鸟领域工程方法。

当前的领域工程方法主要分为两大类：①结构化范型的，如 FODA 方法、DSSA 领域工程方法、FAST 领域工程方法；②面向对象范型的，如 EDLC 模型和青鸟领域工程方法。基于面向对象方法的领域工程方法，主要概念和原则与构件复用的要求比较吻合，从而给构件复用提供了比较好的支持，使得对于复用技术的研究也逐步转向以面向对象方法为基础的方向上。同时，基于面向对象的方法开发应用系统已经有一段时间，积累了一定数量的面向对象的遗产系统。在这种情况下，研究面向对象的领域工程方法成为一种趋势，也取得了一定的成果。但从整体上看，这些方法还处于探索阶段，与结构化领域工程方法相比，还不成熟。同时，由于面向对象方法本身特征的限制，基于面向对象方法的领域工程方法，也暴露了一些不足。

3.4.1.2　领域分析的研究现状

领域分析是领域工程的核心工作，是其第一个阶段，是保证系统化的构件复用取得成功的关键因素。1981 年，Neighous 在他的博士论文"使用部件的软件构筑"中首次提出"领域分析（Domain Analysis,DA）"的概念，它的含义是指"识别、捕获和组织特定领域中一类相似系统内对象、操作等可复用信息的过程"，它的目的是支持系统化的构件复用。领域分析是在一定领域内开展的以领域定义、领域共性和特性描述、领域内概念、数据、功能及其关系识别为目标的系统化分析过程。与系统分析不同，领域分析所关心的是一个领域内所有相似系统中的对象和活动的共同特征与演化特性。

目前比较有影响的领域分析方法主要有 ODM 方法、FODA 方法、DSSA Domain Analysis 方法、JODA 方法、领域分析与设计过程方法（DADP）等。现在不断有新的领域分析方法被提出，有些方法尚处于研究和实践之中。比较这些方法，主要的区别在于 3 个方面：①分析和建模工作所得产品的内容不同；②分析和建模工作的侧重点不同；③工作产品的描述方式不同。

3.4.2　装备保障仿真领域工程方法的基本思路

构件用于复用，最主要的特征是可组装性，只有可组装到宿主系统的构件才是可复用的构件。构件为了具有较好的可组装性，主要需要满足两个方面的要求：①构件有规范的接口和实现的划分，具备这个条件后，构件易于理解，同时在组装过程中耦合度较小，容易集成到宿主系统中去。②构件具有体现领域共性和差异性的能力，具备适应多个应用系统类似但又不同的开发需求。聚合级构件模型，初步具备上述两个条件。

装备保障仿真领域工程方法，其基本思路是充分发挥面向实体和面向对象方法的优点，寻找可复用资源，制定可复用资源接口和实现的划分策略，分析其领域共性和差异性，以聚合级构件模型为规范和导向，开发可复用资源。

3.4.3　装备保障仿真领域工程方法的基础

装备保障仿真领域工程方法的基础，主要是面向实体的需求分析方法、面向对象方法、ALCM。面向对象方法为大家所熟知，不再赘述。ALCM 在第 2 章有详细的分析，也不再说明。在此主要对面向实体的需求分析方法的特点、建模元素、基本模型和建模过程进行研究。

3.4.3.1　面向实体的需求分析方法

把面向对象的方法用于需求分析，已经有一段时间和实践经验，但面向对象的方法由于包含较多的软件设计、实现的思想和元素，直接用于需求分析，其在分析过程中所引发的困惑和混乱也是显而易见的。在此提出的面向实体的需求分析方法，是在面向对象的方法的基础上，对其建模思想、建模元素进行细微调整形成的。

面向实体的需求分析法，是以领域专家为主、领域分析员为辅组成建模主体，以实体、实体类、整体-部分结构和交互等建模元素为主要建模手段，构建特定领域的可复用资源的需求分析模型的描述方法。

3.4.3.2　面向实体的需求分析方法的建模元素

其基本建模元素，有如下几种：

1. 实体

现实世界中的任何客观存在的事物都可以认为是实体，实体可以是有形的（例如一颗侦察卫星），也可以是无形（比如一项卫星变轨计划）。在构建需求分析模型的过程中，通常只是在问题域内考虑和认识与领域分析目标有关的事物，并把它们抽象为实体。根据一定领域分析目标，存在一个最小粒度的实体，大的实体可由小的实体组装而成。实体和对象的根本区别在于，实体在真实世界中有客观事物与之一一对应，实体之间不存在继承关系。属性和服务是构成实体的两个主要因素。

2. 实体类

实体类是具有相同属性和服务的一组实体的集合，它为属于该实体类的全部实体提供了统一的抽象描述，其内部包括属性和服务两个主要部分。

3. 属性和服务

问题域中实体的特征可以分为静态的和动态的。静态特征可以用一组数据表示，如卫星的质量、体积、形状等。动态特征表明实体的行为，只能通过一系列服务来表示，每个服务由相应的数学模型描述，在服务过于简单或过于复杂时也可以用自然语言进行描述，以及相应的输入输出唯一确定。

4. 整体-部分结构

整体-部分结构，用于描述系统中各类实体之间的组成关系，通过它可以用某个实体类的个体作为另外一些实体类的个体的组成部分。整体-部分组装结构指的是实体之间的关系，但通过实体类之间的关系进行描述。

5. 交互

实体通过对外提供它的服务在系统中发挥自己的作用。当系统中的其他实体请求这个服务时，它就响应这个请求，完成指定的服务所应完成的职责。通过交互传递信息，是封装原则的直接结果。封装是实体成为各司其职的独立单位；交互通信则为它们提供了唯一合法的动态联系途径，使它们的行为能够互相配合，构成一个有机的动态的系统。一个交互由三部分构成：交互发起者，交互接受者，交互的信息（包括输入信息和返回信息）。

6. 简单实例连接

实例连接在面向对象的方法中，用于表达对象之间的静态联系，指通过对象属性来表示一个对象对另一个对象的依赖关系。简单地说，就是一个对象需要从另一个对象获取数据。在面向对象的分析中，为了实现严格的数据流动过程，支持分析模型向设计模型以及程序实现转换，实例连接必须交代清楚，处理上非常复杂和困难，是系统分析阶段的一个难点。对于需求分析模型而言，其关注的重点在于一个实体对另一个实体的数据依赖关系的存在性，以及数据本身的存在性，对于数据流动过程的严密性关注反而是次要的。面向实体的需求分析方法采取不严格的封装机制，此时这种数据依赖关系的交代可以简单处理，只交代数据依赖关系的存在，以及是什么数据，因而引入了简单实例连接。

3.4.3.3　面向实体的需求分析方法的基本模型和过程

1. 基本模型

面向实体的需求分析法的基本模型是实体类图、use case 和交互图、详细说明。

（1）实体类图的主要构成成分是：实体类，属性、服务、整体-部分结构、简单实例连接和交互。这些成分所表达的模型信息可从三个方面看待：实体层——用类符号表示的，描述领域中反映问题域的实体，是构成领域需求分析模型的基本单位；特征层——指属性和服务，给出每一个实体类（及其所代表的实体）的内部特征；关系层——指整体-部分结构、简单实例连接和交互，给出每个实体类（及其所代表的实体）彼此之间的关系。

（2）use case 和交互图。use case 的概念来自 Jacoboson 方法，它是对系统功能使用情况的一个文字描述序列。在面向实体的需求分析法中，每个 use case 针对领域中的一项活动，描述系统外部的活动者（人或物）如何与系统进行对话。交互图是一个 use case 与完成相应功能的实体之间的对照图。

（3）详细说明是按建模方法所要求的格式对所建模型的说明和解释，是任何一种建模方法必须具备的。本法中，详细说明由实体类描述模板构成。

2. 基本过程

基本过程是建立领域需求分析模型的过程指导。建模过程首先明确领域的边界、约束和建模的目标，并在此基础上确定领域需求分析模型的建模步骤和每个步骤的任务，以及这些步骤之间的相互关系。其基本建模过程如图 3-4 所示。

3.4.3.4　面向实体的需求分析方法的特点

面向实体的需求分析方法，相对面向对象的需求分析方法，主要有以下两个方面的特点：

1. 排除面向对象方法中和软件设计密切相关的思想和元素

面向实体的需求分析方法，从面向对象方法演变而来，它们思想的基点都是"从现实世界中客观存在的事物出发，抽象出基本单元来构造系统模型"。面向实体的需求分析法选取建模元素的基本思路，是把面向对象方法中用于描述领域特征的建模元素保留，把描述软件实现的建模元素排除或弱化，把具有描述领域特征和软件实现两重功能的元素进行合理的改造。它采用和面向对象方法不同的基本单元概念——实体，但抽象出"实体"和"对象"的基本依据是一致的，只是在应用目的上存在不同，保证了实体和对象之间存在柔性的转换规则，进而保证了面向实体的需求分析模型向面向对象的分析和设计模型转换的可能性。面向实体的需求分析方法排除了面向对象思想中重要的机制"继承"，弱化了"实例连接"；选取一套易于掌握的建模元素，形成了能充分表达领域主要特征的建模元素体系和简易的建模过程。

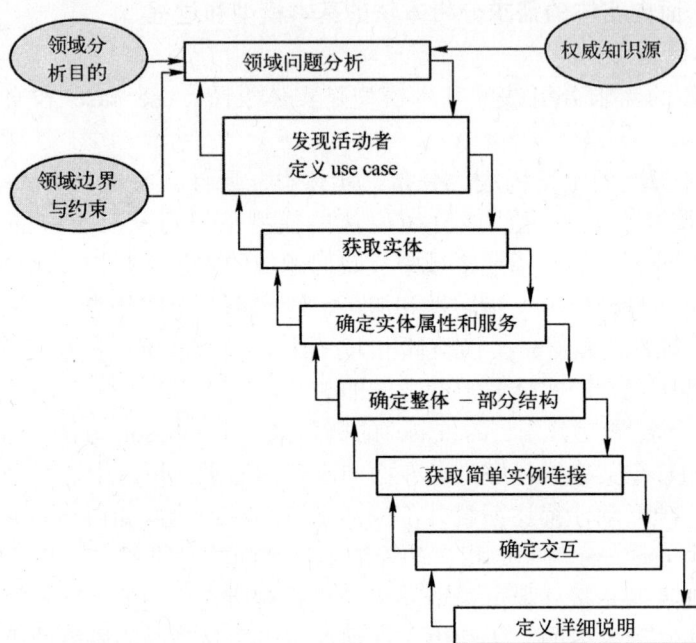

图 3-4　基本建模过程

2. 和面向对象方法无缝连接

面向实体的需求分析法，还强调需求分析法，和领域工程后继阶段的领域分析与设计等在建模思想上实现无缝连接。这里有一个教训，就是结构化分析法，其基本策略就是跟踪数据流动，研究问题域中数据如何流动以及在各个阶段上进行何种处理，从而发现数据流和加工。数据流法是面向对象分析法之前，最有影响的分析法，其失败的一个重要原因就是分析和设计阶段的思想不一致，当系统较为复杂时，分析结果使设计人员不易理解，从而导致设计人员按照自己的理解重新设计系统。从系统开发的经验教训看，系统开发各个阶段的建模思想应该保持一致，从一个阶段向另一个阶段的转移存在规范的转移法则。面向实体的需求分析法，所采用的建模思想、建模元素和面向对象的方法存在亲缘关系，在达到自己目标的情况下，和面向对象方法实现了无缝连接。

3.4.4　装备保障仿真领域工程方法的基本框架

装备保障仿真领域工程方法的阶段划分，与一般领域工程的阶段划分一致，分为 3 个主要阶段：领域分析、领域设计和领域实现，如图 3-5 所示。

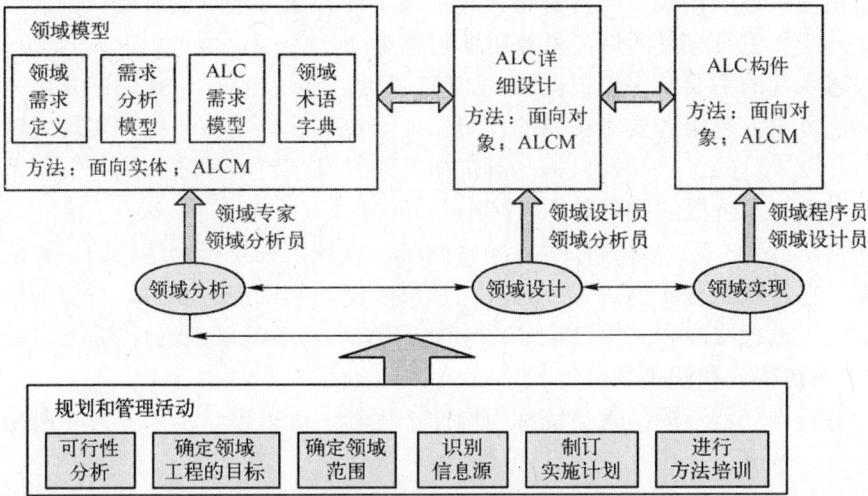

图 3-5　装备保障仿真领域工程方法框架

1. 三个阶段的初步分析

领域分析的主要目标是获得领域模型。领域模型描述领域中类似系统的共同需求，它由以下几部分组成：领域术语字典、领域需求定义、领域面向实体的需求分析模型和 ALC 需求模型。领域专家应用面向实体的需求分析方法分析、发现和捕获领域需求分析模型，并在领域分析员的帮助下，对领域需求分析模型划分，确定领域内独立性较强的需求点和功能点，分析其领域共性和差异性，用 ALCM 进行规范，获得 ALC 需求模型。

装备保障仿真领域工程方法的领域设计阶段，主要目标是获得 ALC 详细设计。常规领域工程的领域设计目标，是获得领域构架 DSSA 和构件的详细设计。DSSA 是针对领域模型给出的解决方案，它不是单个系统构架的表示，其是能够适应领域中多个系统需求的一个高层次的系统级的设计。由于领域模型中的领域需求具有一定的变化性，DSSA 也要相应地具有变化性，构件则是其变化点。装备保障仿真领域工程方法的领域设计阶段主要是在面向对象分析方法和设计方法的支持下，以 ALC 需求模型为基础，获得 ALC 详细设计。从本质上看，常规领域工程方法和装备保障仿真领域工程方法的处理手段是一致的。常规方法，是以系统级的领域需求分析模型为指引，获得"DSSA＋构件"的产品形式；装备保障仿真领域工程方法，是在 ALC 需求模型的指引下，以 ALCM 规范，形成 ALC 详细设计。ALCM 对 ALC 的逻辑形式的规定，是"构件框架＋原子构件"，构件框架描述了领域共性和差异点。因此在这个阶段，常规方法的"DSSA＋构件"的产品形式和 ALC 的"构件框架＋原子构件"产品形式的处理思路是一致的。不同之处在于，常规方法是在系统一级实施，装备保障仿真领域工程方法是在模块一级实施。和常规方法相比，装备保障仿真领域工程方法这个阶段所要获得的产品更易实现，产品更具有灵活性，可复用性也就更高。

领域实现的主要工作是根据 ALC 详细设计，实现 ALC。ALC 的复用方法主要是灰色复用，复用者要对构件的代码需要一定程度的了解。构件实现者应根据领域内开发人员的一贯开发风格，制定相关的开发规范，用统一的开发规范开发构件，增大开发阶段的领域共性，减小差异性。

通常，这 3 个阶段是顺序进行的。同时，领域工程是一个迭代的、逐渐精化的过程。在领域工程实施的每个阶段，都可能返回到以前的步骤，对以前的步骤得到的结果进行修改和完善，再回到当前步骤，在新的基础上进行本阶段的活动。

2. 人员构成和职责划分

参与领域工程活动的人员统称为构件工程师，可以进一步划分为 4 种角色：领域专家、领域分析员、领域设计员和领域程序员。

（1）领域专家：在领域分析过程中，领域专家包括领域中已有系统的有经验的终端用户、该领域中从事系统的需求分析、设计、实现以及项目管理工作的有经验的软件工程师以及领域管理专家等，是领域分析活动的核心成员。

（2）领域分析员：领域分析员是领域分析活动的重要成员，应由具有知识工程背景的有经验的系统分析员来担任。

（3）领域设计员：领域设计员一般由有经验的软件设计人员来担任。

（4）领域程序员：领域程序员由有丰富编程经验的人员来担任。

主要参与人员的职责，根据不同的阶段，有不同的划分。现按阶段进行分析。

（1）领域分析阶段。装备保障仿真领域分析阶段的完成，以领域专家为主、领域分析员为辅的模式进行。领域专家的主要任务包括提供领域中系统的需求规约和实现的知识以及先进的管理模型，组织规范的、一致的领域字典，实现领域需求分析模型和 ALC 需求模型。领域分析员主要任务是辅助领域专家实施整个分析过程的控制、领域知识的获取、分析与抽象，以及领域模型的建立、验证与维护等。

（2）领域分析阶段。装备保障仿真领域设计阶段的完成，以领域设计员为主、领域分析员为辅的模式进行。领域设计员主要任务包括领域设计过程的控制、根据 ALC 需求模型完成 ALC 的详细设计、对 ALC 的准确性和一致性进行验证、建立领域模型与 ALC 详细设计之间的联系等。领域分析员为领域设计员提供咨询服务。

（3）领域实现阶段。装备保障仿真领域设计阶段的完成，以领域程序员为主、领域设计员为辅的模式进行。领域程序员的主要任务是根据 ALC 的详细设计，完整地实现 ALC 实例。领域设计员为领域程序员提供咨询服务。

3. 规划和管理活动

规划和管理活动是领域工程的重要组成部分，保证领域工程有序地、系统地实施。其包括领域工程可行性分析、确定领域工程的目标、确定领域范围、识别信息源、制订实施计划和进行方法培训几个方面。它们的重要性不言而喻，但由于研究的侧重点不在于此，在此不作进一步说明。

3.4.5　领域分析阶段的主要活动

领域分析是领域工程的第一个阶段，这个阶段的主要目标是获得对于目标领域的问题域和系统责任的认识，并将这种认识显式地表示出来。领域分析阶段的主要活动及步骤如图 3-6 所示。

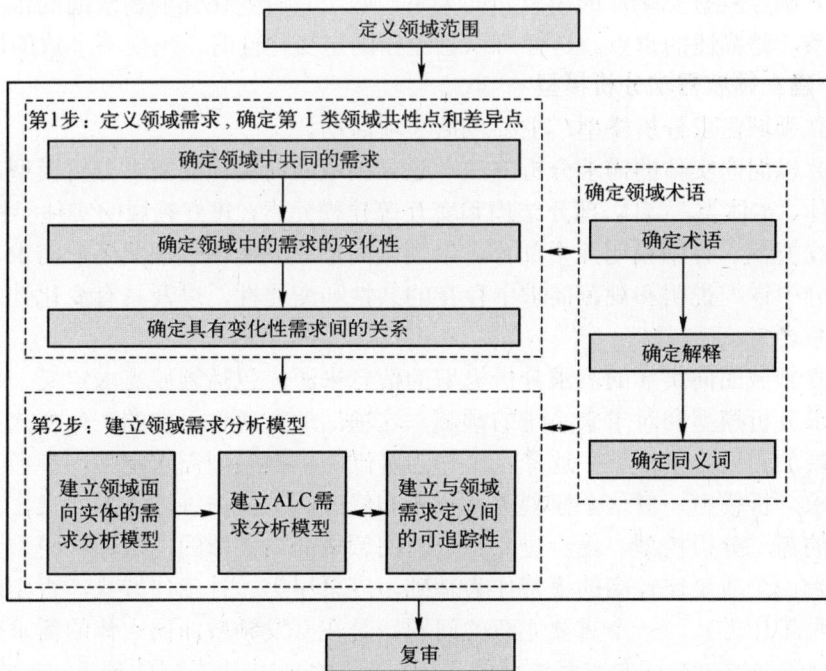

图 3-6　领域分析过程

从整体上看，领域分析阶段主要有 3 项活动：建立领域需求定义、建立领域需求分析模型和建立领域术语字典。其中，前 2 项活动构成领域分析的主线，建立领域术语字典是在这 2 项活动中穿插进行的。

1. 建立领域需求定义

建立领域需求定义的主要信息来源，是领域内多个现有系统的需求定义和未来同类系统需求的预测。领域需求定义采用自然语言，用比较自然的方式描述问题域中的领域需求。与应用工程中的需求定义不同，在领域需求定义中，要说明所描述的需求是否具有变化性，并且明确具有变化性的这些需求间的关系。

建立领域需求定义的过程中主要有 3 项活动：

（1）初步确定领域中共同的需求。复用的基础建立在领域共同的需求之上，有共同的需求才有复用的可能性，但其存在的形式也是最难准确界定的，清楚地、准确地分析共同的需求很困难。因此在这个阶段，初步确定领域中共同的需求比较合适。

（2）在领域共同需求的基础上，确定领域需求的变化性。复用的价值在于需求的变化性。可能在个别的复用活动中，存在需求没有变化性的现象，但纵观所有的复用活动，需求存在变化性是一种必然。在需求定义阶段，发现需求的变化性，应该在共同需求的基础上，离开共同需求，变化性不存在生存空间。

（3）确定具有变化性的需求间的关系。两个具有变化性的需求间的依赖或互斥的关系，是描述的重点。这样可以避免在固定变化性时，出现不一致的情况。

2. 建立领域需求分析模型

建立领域需求分析模型，主要包括 3 项活动。

（1）以面向实体的需求分析方法，建立领域面向实体的需求分析模型。通过应用实体、实体类、整体-部分结构和交互等建模元素，建立领域的实体类图、use case 和交互图、详细说明几个部分，以规范的形式表达该领域的用户需求，并在每个部分中详细说明和规范需求中存在的共性和变化性，以及具有变化性的元素间的关系。

建立领域面向实体的需求分析模型的信息来源，包括领域需求定义、现有系统的需求分析模型和对未来系统的预测。这项活动有两种可能的工作方式：①在现有系统的需求分析模型中选择一个作为基础，依据领域需求定义，参考其他系统的需求分析模型，对这个模型进行补充和修改。②依据领域需求定义，参考现有系统的需求分析模型，逐步建立一个新的领域面向实体的需求分析模型。如果能够找到一个质量比较高的模型作为基础，应采用第一种工作方式，否则就应采用第二种工作方式。一个需要注意的问题，是在开发领域面向实体的需求分析模型时，应依据当前领域专家对领域的认识以及对领域未来发展的预见，实施开发，不能被现有系统的需求分析模型所束缚。

（2）建立 ALC 需求分析模型。ALC 需求分析模型是分析阶段最重要的产品。通过建立 ALC 需求分析模型，以 ALC 需求分析模型作为领域共同的需求和需求的变化性的载体，分散需求间的耦合度，增大所建立的需求分析模型的灵活性和可复用性，以减轻后续的领域设计的难度。建立 ALC 需求分析模型的具体方法，是在领域面向实体的需求分析模型的基础上，根据实体所描述的需求的共同点和变化性，以及实体间的关联性，实施划分形成 ALC 需求分析模型。一个 ALC 需求分析模型，可能包括一个实体，也可能是多个实体的聚合。

（3）建立与领域需求定义间的可追踪性。这项活动的实现方式比较灵活，可以采取多种方式实现。

3.　领域术语字典

领域术语字典，用于对领域中的术语进行准确、一致的定义。每个术语都要给出简短的解释，必要时为术语列出同义词。在领域工程的实施过程中，使用领域术语字典作为参与领域工程人员的共同术语定义。同时，领域术语字典也可以在应用工程的实施过程中使用。

3.4.6　领域设计阶段的主要活动

领域设计是领域工程的第二个阶段，此阶段的主要目标是针对领域分析阶段对目标领域的问题域和系统责任的认识所获得的 ALC 需求分析模型，开发出相应的 ALC 详细设计模型。领域设计阶段的主要活动及步骤，如图 3-7 所示。

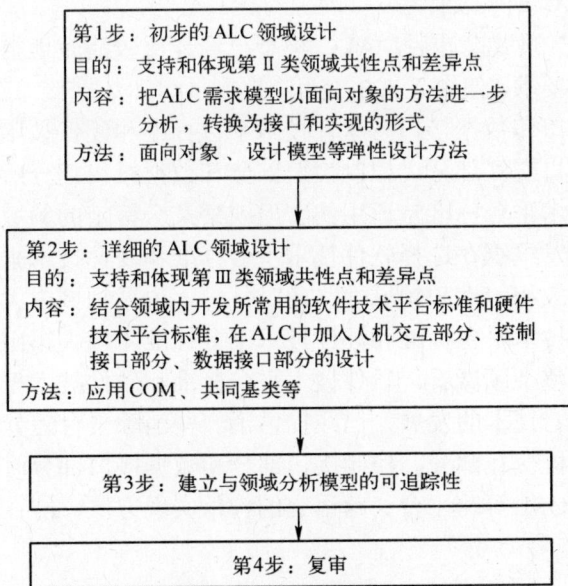

```
┌────────────────────────────────────────────────┐
│ 第1步：初步的 ALC 领域设计                        │
│ 目的：支持和体现第 Ⅱ 类领域共性点和差异点         │
│ 内容：把ALC需求模型以面向对象的方法进一步         │
│       分析，转换为接口和实现的形式                │
│ 方法：面向对象、设计模型等弹性设计方法            │
└────────────────────────────────────────────────┘
                        │
                        ▼
┌────────────────────────────────────────────────┐
│ 第2步：详细的 ALC 领域设计                        │
│ 目的：支持和体现第 Ⅲ 类领域共性点和差异点         │
│ 内容：结合领域内开发所常用的软件技术平台标准和硬件 │
│       技术平台标准，在ALC中加入人机交互部分、控制  │
│       接口部分、数据接口部分的设计                │
│ 方法：应用COM、共同基类等                        │
└────────────────────────────────────────────────┘
                        │
                        ▼
┌────────────────────────────────────────────────┐
│        第3步：建立与领域分析模型的可追踪性         │
└────────────────────────────────────────────────┘
                        │
                        ▼
┌────────────────────────────────────────────────┐
│                 第4步：复审                       │
└────────────────────────────────────────────────┘
```

图 3-7　领域设计过程

从整体上看，领域设计阶段主要有 4 项活动：初步的 ALC 领域设计、详细的 ALC 领域设计、建立与领域分析模型的可追踪性、复审。一般情况下，这 4 项活动是顺序进行的。

1.　初步的 ALC 领域设计

面向实体的方法，为了利于领域专家掌握，在面向对象方法的基础上，排除了相关软件开发的特点和建模元素。因此，其所分析产生的 ALC 需求分析模型，较为宏观地、粗线条地描述了领域的需求向领域功能的转换。为了进一步实现ALC，需要对其用面向对象的方法对其再次进行较为详细的分析。这项活动的信息来源，主要包括领域需求定义、ALC需求分析模型、领域中现有系统的设计和对未来系统的预测等。

初步的 ALC 领域设计，应用面向对象的方法、设计模式等弹性设计方法，把ALC 需求模型转换为接口和实现的形式，同时使其支持和体现第 II 类领域共性点和差异点。这个过程的实质，就是设计 ALC 构件框架、接口和原子构件等。ALCM对于构件框架的基本看法，是构件框架不暴露给构件复用人员，其没有一致的实现模式，不同的领域设计人员对同一个构件框架的实现，可能采用完全不同的方式实现。

为了实现构件框架和接口，一般要对实体进行再次分析，此时可能增添相应的辅助对象类。增添的时机有两个：为满足面向对象方法的分析形式，增添相应的对象类；为满足设计模式的形式，增添相应的类。

2. 详细的 ALC 领域设计

在初步的 ALC 领域设计后，ALC 模型已经能比较清楚地描述特定领域的问题域和系统责任的要求，但缺乏人机交互、控制接口和数据接口 3 大部分的描述。人机交互、控制接口和数据接口与软件技术平台标准和硬件技术平台标准紧密相关。一般来说，人机交互部分、控制接口部分和数据接口部分所涉及的软件技术平台标准和硬件技术平台标准是通用的。但观察某个特定的领域，由于领域的特点，使领域内的开发组织在选择软件技术平台标准和硬件技术平台标准时有一定的倾向性，进而形成相似性和领域性。此时，应该遵循领域内大多数开发组织的习惯，来选择软件技术平台标准和硬件技术平台标准，增大第 III 类领域共性点，缩小差异点。但从整个领域看，软件技术平台标准和硬件技术平台标准的差异性是客观存在的。随着技术的发展，已经提供了一些消除平台差异性的手段，如在处理所建构件的人机交互部分、控制接口部分和数据接口部分时候，提供统一的抽象基类；应用 COM 等跨平台、跨语言的构件实现方法，能在一定程度上缩小第 III 类领域差异点。

3.4.7　领域实现阶段的主要活动

领域实现是领域工程的最后一个阶段，这个阶段的主要目标是依据 ALC 详细设计，实现 ALC。领域实现阶段的主要活动及步骤如图 3-8 所示。

从整体上看，领域实现阶段主要的活动有确定领域编程规范、实现 ALC 构件、构件打包、复审。一般情况下，这些活动是顺序进行的。

1. 确定编程规范

ALCM 把编程规范看作第 IV 类领域共性点和差异点产生的原因。编程规范，一般指程序的书写规范、变量命名等。较为全面的编程规范，可能还涉及一些基本的、但比较关键的核心编程方法，如对 C/C++语言中的指针使用方式，做出明确的硬性规定，减少由于个人的随意性而造成的差错。编程规范，还可以根据所在领域的开发特点，对领域内的一些特殊开发方式进行规范，以提高程序的质量和可读性，提高其复用性。领域实现阶段，要不断完善编程规范，用来增大第Ⅳ类领域共性点。

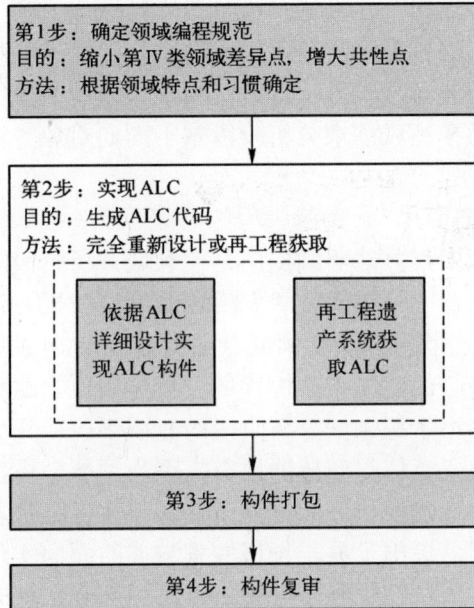

第1步：确定领域编程规范
目的：缩小第Ⅳ类领域差异点，增大共性点
方法：根据领域特点和习惯确定

第2步：实现ALC
目的：生成ALC代码
方法：完全重新设计或再工程获取

依据ALC详细设计实现ALC构件

再工程遗产系统获取ALC

第3步：构件打包

第4步：构件复审

图 3-8　领域实现过程

2. 实现 ALC

在领域工程中，构件的实现可能根据当前所拥有的资源，对不同的构件采用不同的实现方式。在进行领域实现时，应该首先考虑已经拥有的一些经过实践检验的遗产系统，利用再工程技术从遗产系统中提取 ALC 的实现。在这个过程中，所提取的可复用资源，可能与需要实现的构件在功能、形式上不一致，这时应对其进行进一步修改与完善，形成需要实现的构件。在没有可利用的遗产系统，或者其他资源时，实现 ALC 的过程，应如应用工程一样，依据 ALC 详细设计进行全新的开发。

ALC 可以采用不同的实现形式，如源代码形式、DLL 与 COM 等。这些不同的实现形式各有利弊，在实践中要根据领域工程的目标、可用的资源、实现环境的限制等多方面的情况进行选择。

3.4.8　装备保障仿真领域工程方法的特点

装备保障仿真领域工程方法是在前人研究的基础上提出的一种应用于装备保

障仿真的领域工程方法。相比而言，其在 3 个方面有着显著特点。

1. 方法基础的突破

以前所提的领域工程方法，大多是结构化范型的，如 FODA 方法，少部分是基于面向对象方法的，如青鸟领域工程方法。结构化方法存在一个向当前主流的面向对象开发方法转换的难点。基于面向对象方法存在的问题，是其包含较多的关于软件设计的思想和元素，在领域分析阶段容易造成方法上的混乱。装备保障仿真领域工程方法，在领域分析阶段采用面向实体的需求分析方法，在领域设计和领域实现阶段采用面向对象的方法，既解决了与当前主流的面向对象开发方法的衔接问题，又避免了在领域需求分析阶段基于面向对象方法产生的方法应用上的混乱。

2. 人员组织模式的变化

装备保障仿真领域工程方法明确提出，在领域分析阶段，实行"领域专家为主，领域分析员为辅"的人员组织模式。常规的领域分析方法这个阶段的人员组织模式一般是以"领域分析员为主，领域专家为辅"，此时领域专家的主要工作是资料的收集和整理，核心的建模工作由领域分析员完成。这种组织模式产生的原因，是其认为领域专家不掌握领域分析阶段的建模手段，领域分析员拥有较好的建模实践。这种组织模式有值得商榷的地方，因为领域分析员一般没有较好的领域专业知识，不具备完成建模工作的充分条件。装备保障仿真领域工程方法对面向对象的方法进行微调，提出了易于领域专家掌握的面向实体的需求分析方法，强调突出领域专家的作用。在这种组织模式下，领域专家拥有较好的领域知识，对领域有着比领域分析员更深刻的了解，具备完成领域首次抽象工作的良好条件；面向实体的需求分析法，给领域专家提供了容易理解和掌握的需求分析方法，在领域分析员的辅助下，领域专家也能够完成建立领域面向实体的需求分析模型和形成 ALC 需求模型的工作。

3. 产品形式的变化

常规领域工程方法的产品形式，有两个发展阶段："单一的构件"的产品形式阶段和"DSSA＋构件"的产品形式阶段。首先出现的是"单一的构件"的产品形式，在经过一段时间的摸索后，发现"单一的构件"的产品形式不足以支撑构件复用的展开，原因是其管理难度大，可组装性不足，因此提出了"DSSA＋构件"的产品形式。这种形式相对于"单一的构件"的产品形式，是一个较大的进步。但这种形式也存在不足，主要是 DSSA 开发难度大，因为要求 DSSA 在系统级这个层面集成领域的共性和差异性，其开发所需要的经验和技能之高不言而喻。装备保障仿真领域工程方法，提出以 ALCM 为导向，开发 ALC 构件。ALCM 对 ALC 逻辑形式的规定，是"构件框架＋原子构件"，构件框架描述了领域共性和差异性。从本质上看，"DSSA＋构件"的产品形式和"构件框架＋原子构件"的产品形式，所采取的处理思路是一致的，都是通过一个大的框架来组织可复用构件，框架本身具有变化性，用于提高复用性。但用 ALCM 规范所生成的产品，在规模上比"DSSA＋构件"的小得多，开发过程中的复杂性、难度相对而言都较小，产品更具灵活性，更符合装备保障仿真领域开发可复用资产的要求。

3.5　本章小结

本章围绕划分装备保障仿真领域和装备保障仿真领域工程方法两个问题展开了研究，取得了如下研究成果：

（1）分析了装备保障仿真的应用领域和层次，总结了装备保障仿真领域的特点，提出了装备保障仿真领域划分的原则，并对装备保障仿真领域实施划分。

（2）在研究目前领域工程发展情况的基础上，针对当前领域工程方法的不足，以 ALCM 为基础，从方法基础、人员组织模式、产品形式 3 个方面入手对常规领域工程方法进行改进，形成了完整的装备保障仿真领域工程方法，并对其所用方法、框架结构和 3 个子阶段的活动进行了详细的分析和研究。

第4章　装备保障仿真构件库系统设计

要真正实现基于装备保障仿真构件的仿真系统开发方法，装备保障仿真构件必须在数量上达到一定规模，用以支持大多数的装备保障仿真系统的开发。而对于数量较多的装备保障仿真构件，需要一个强有力的构件库系统来管理。装备保障仿真构件库系统是基于装备保障仿真构件的仿真系统开发方法的基础设施，将实现对装备保障仿真构件的描述、分类、存储和检索等多项功能。

从目前的研究情况看，构件库系统本质是一种新生的信息管理系统，其设计和构件模型、构件复用方式等有着紧密的联系，这个特点决定了构件库系统的设计难度很大，这也是目前的构件库系统不成熟的根本原因。在装备保障推演系统的开发中，迫于按期完成项目的压力，实际上是基于构件目录——"模型设计说明书"进行的，而不是装备保障仿真构件库系统。开发实践证明，一个完善的装备保障仿真构件库系统对于提高开发效率，是十分必要的。装备保障仿真系统的设计，将以终端用户的实际需求为导向，重点分析其逻辑设计和物理设计，勾勒出装备保障仿真构件库系统的原型，为装备保障仿真构件库系统的实现打下坚实的基础。

4.1　构件库系统

4.1.1　构件库的相关定义

一般所说的"构件库系统"在大多数时候指的是"构件库管理系统"，但是严格地说，构件库系统是指由构件库、构件库管理系统、应用系统、构件库管理员和最终用户所构成的综合体。

定义 4-1：构件库系统（Component Library System）——对构件进行管理和维护，支持构件的分类、存储、查询和运行，支持应用系统开发的专业工具软件系统，它主要包括构件、构件库、构件库管理系统、构件库管理员等部分。

定义 4-2：构件库（Component Library）——以特定的结构存储在物理介质上的有一定关联性的构件集合。

定义 4-3：构件库管理系统（Component Library Management System）——处理构件的存取和管理控制的软件，实现对构件库的有效管理。

4.1.2　构件库系统的发展

目前，国内外对构件库系统及其相关问题进行了一系列深入的研究，提出了一些复用标准和环境原型：

（1）复用库可互操作性组织（Reuse Library Interoperability Group，RIG）为实现复用库间共享可复用资源，考察了复用库之间的可互操作性问题，并开发了一个数据模型——统一数据模型（Uniform Data Model，UDM），其中定义了支持库之间交换可复用资源所需的信息。

（2）北大西洋公约组织制定了一整套软件复用的指导性标准，其中《可复用软件构件库管理指南》阐述了有关构件库系统的问题。

（3）基于面向对象技术的复用（Reuse Based on Object-Oriented Techniques，REBOOT）是一个包括储存可复用构件的数据库和一组认证、插入、提取、评价和适配可复用构件的工具的环境。

（4）美国军方发起的 STARS（Software Technology for Adaptable Reliable System）项目研究了在构件库之间共享资源和实现无缝互操作的问题，于 1992 年提出了开放体系结构的构件库框架（Asset Library Open Architecture Framework，ALOAF）。

（5）国内比较有影响的是青鸟构件库管理系统。青鸟构件库管理系统（Jade Bird Component Library Management System，JBCLMS）是北京大学软件工程研究所"青鸟攻关工程"——青鸟Ⅲ型软件复用支持环境的核心部分，用于对可复用构件进行描述、管理、存储和检索，以满足基于"构件-构架"复用的系统开发方法的需要。

4.1.3　现有构件库系统存在的问题

构件库系统的研究，经过多年的发展，取得了一定的进展，但总的来说，还远不能满足构件复用对其需要。以上面所提到的几类主流的构件库系统为主要分析对象，可以发现现有构件库系统主要存在以下问题：

（1）国内外关于构件库系统的研究，如青鸟构件库管理系统，侧重于对构件进行描述、管理、存储和检索的研究，侧重于研究单一构件库的管理，还没有涉及如何透明地、统一地对异构、地理位置分散的多个构件库实施管理的研究。也就是说，现有的构件库系统大多数是集中式构件库系统，构件库系统在地理分布和功能分布上都较为集中。构件库系统的主要目的是推进共享，但一个地理和功能上都较为集中的构件库系统实质上是不利于共享的。构件库系统应该有开放的体系结构，能够管理多个同质或异质的构件库，具有分布式构件库管理能力，实现构件库之间资源共享和无缝互操作，这是构件库系统今后的发展方向。

（2）传统构件库系统的静态库结构很难满足大规模构件复用的要求。静态的构件库系统，是将构件及其相关文档作为资源存储，从构件相关文档中提炼出各个构件的特征轮廓（这一过程可手工也可自动化），并在此基础上构建起构件库的索引体系及检索系统。从实践效果来看，静态的库结构便于控制与管理，技术也相对成熟，但由于忽视了对构件的可复用性、复用率等动态复用性能因子的适时监控与管理，构件库的功能覆盖率与检索成功率随着时间的推移并不随之提高，甚至逐渐衰减，从而不能为应用系统的开发提供真正意义上的面向复用的服务，失去了作为复用构件库的意义。

（3）构件库系统作为构件复用的基础设施，应该支持系统开发过程中所有环节的复用，而不仅仅局限于源代码的复用。但实际的应用中，有许多构件系统仅能支持源代码级复用，或者少数几个环节的复用。

（4）构件库系统的研究还处于原型化阶段，没有形成统一的规范的标准。但对于建立构件库系统而言，统一的构件模型和构件描述语言等标准至关重要。因为只有在统一的规范的标准下，才可能解决异质构件库之间的互通，推进大范围的共享。但统一的规范的标准形成，不是一日之功，必须经过多方面的研究、充分的实践后才可能实现。这也是统一的规范的标准至今不能形成的重要原因。

4.2　装备保障仿真构件库系统的功能

装备保障仿真构件库的用户，有构件库管理员和构件复用者两大类。面向终端用户，装备保障仿真构件库系统应实现 3 大类功能：构件入库功能、构件查询功能和构件库维护功能。

4.2.1　构件入库功能

（1）存储聚合级构件。装备保障仿真构件库基于聚合级构件模型和聚合级构件标记语言，其应能够存储聚合级构件。

（2）能方便地在构件库中添加构件。

（3）能方便地删除过时或可复用性不高的构件。

（4）能方便地对需要修改的构件进行修改。

（5）能方便地根据构件的特征对构件进行分类。

构件入库功能所对应的工具，由构件库管理员使用，主要完成新构件入库和已有构件的修改等任务。

4.2.2　构件查询功能

（1）有较强地浏览构件库的功能。

（2）有较为准确地检索构件的能力。

（3）能方便地提取所需构件。

（4）有对使用构件的情况进行反馈的场所。

构件查询功能所对应的工具，由构件复用者和构件库管理员使用，帮助用户使用构件和反馈意见。

4.2.3　构件库维护功能

（1）构件复用者账户数据维护功能，用于管理构件复用者的账户，对构件库使用人员实施分级管理。

（2）管理员账户数据维护功能，用于管理构件库系统的管理员账户，实现对构件库管理员的分级管理，维护构件库系统的稳定和安全。装备保障仿真构件库系统拟采用分布式结构，地域分散，有多个层次的管理员。因此提供专门的管理员账户数据维护工具，是十分必要的。

（3）反馈意见处理功能。动态构件库和静态构件库的重要区别在于是否具有反馈子系统。装备保障仿真构件库系统要建立相应的反馈意见处理机制，对使用者的意见进行分析，对构件库中的构件进行相应的调整。

（4）领域字典维护功能。领域字典是构件库分类、查询和检索的基准，它可能处于变化之中，需要有相应的维护工具。

（5）构件库系统使用情况统计功能。用户在使用构件库系统的过程中，会产生大量的信息，这些信息包括人员登录信息和构件使用次数等，对构件库系统的维护和使用有重要意义，需要有相应的工具进行统计。

构件库维护功能所对应的工具，由各级管理员使用，用以维持构件库系统的正常运转。

4.3　装备保障仿真构件库系统建设的要求

4.3.1　方便终端用户使用的建设要求

装备保障仿真构件库系统本质上是一种信息管理系统，在操作过程中涉及大量信息，为了方便终端用户的使用，一般需要满足两个方面的要求：

（1）友好的图形化操作界面。系统应提供一个人机友好、易于操作的图形化界面供用户使用，用户无须记忆、学习大量的操作命令就能完成大部分的操作任务。对于一些常规的操作，应学习和参考大众化的软件应用系统的操作界面，使用户有一种处于熟悉环境的感觉。

（2）集成的操作环境。装备保障仿真构件库系统是基于装备保障仿真构件的仿真系统开发方法的核心基础设施，要和领域工程实施环境、装备保障仿真系统的开发环境等众多环境互操作，交流信息。在这个过程中，大量数据的传递是不可避免的，其应充分考虑这些环境的需要，提供一些方法和手段，与这些环境集成，利于各类工具间的沟通，减轻用户的工作量。

4.3.2　面向应用和发展的建设要求

装备保障仿真构件库系统，面向应用和发展，还需要满足以下几个方面的要求：

1．分布式构件库系统

装备保障仿真构件库系统，拟采用小库集群的形式，多个子领域的构件库形成完整的装备保障仿真领域构件库。因此，装备保障仿真构件库系统必须是分布式构件库系统，满足其在地理、功能上分布的要求。

2．可互操作构件库系统

开发装备保障仿真系统，需要与其他作战仿真领域共同协作，用到其作战仿真领域的构件，实施多领域构件库系统协同的仿真开发。这要求装备保障仿真构件库系统具备一定的互操作能力，支持多领域构件库系统互联互操作。

3．可扩展构件库系统

建设装备保障仿真构件库系统，是一个不断发展的过程，其完善要根据用户在实际使用过程中发现的问题，不断进行调整和优化，最终形成一个完善的构件库系统。因此，装备保障仿真系统需要一个可扩展的框架，以利于其演化。

4.4　装备保障仿真构件库系统的逻辑设计

装备保障仿真构件库系统的逻辑设计，是对装备保障仿真构件库内部结构和内在运行机制的抽象，是对用户功能和系统建设要求的进一步实现，是装备保障仿真构件库系统物理设计的基础。下面从构件库系统框架和构件库核心操作流程两个方面研究逻辑设计。

4.4.1　装备保障仿真构件库系统框架

装备保障仿真构件库系统的框架主要解决构件库的结构设计，从总体的角度描述装备保障仿真构件库系统的实现方式。

针对装备保障仿真构件库的分布式、可互联互操作和可扩展的特点要求，装备保障仿真构件库系统的构建，将基于 ALOAF 和 ALCML，应用 CORBA、数据库等实用成熟的软件技术，构造一个能跨越异构平台、结构开放的支持仿真系统开发全过程的分布式构件库系统。

4.4.1.1　ALOAF 的参考模型 ALF-RM

STARS 项目提出的 ALOAF，主要目标是解决构件库之间资源共享和无缝互操作[100]。ALOAF 包括构件库框架的参考模型（ALF-RM）、互交换构件所需的数据模型和约定格式的规约以及一个 ALF-RM 上支持构件互交换和构件描述的框架服务规约，后二者是 STARS 版的规约实例。ALF-RM 是 ALOAF 的核心所在，研究构件库系统技术可以基于 ALF-RM，扩展其结构，定义自己的规约，形成新类型的构件库系统。

1. ALOAF 构件库系统的参考模型

STARS 提出的参考模型表达了其对构件库系统及组成元素的一般性观点。该模型将构件库分成构件库数据和构件库管理系统两部分，如图 4-1 所示。

图 4-1 中最外层方框表示构件库管理系统，它是一种组织、收集、访问与管理若干构件的手段。构件库系统由构件库数据和构件库管理系统组成，图中以横线分隔二者。构件库数据包括构件本身及其描述性信息和组织性信息。其中，描述性信息称为构件描述，组织性信息称为库模型信息，这些信息总称为构件目录。构件库管理系统由构件库框架 ALF 和构件库工具组成，它提供了一组定义和操纵构件库中数据的手段。构件库框架提供了基本的操作（ALOAF 称其为"框架服务"），这些操作是定义、创建、操纵和管理构件目录所必需的；库工具提供了若干有结构的操作。高层工具和用户通过框架服务来访问构件目录并间接访问构件。ALOAF 主要关心构件库框架和构件目录，并不关心构件本身和建立在框架服务上的库工具。

在图 4-1 中，元模型用于定义和界定库中数据模型被创建的方式。图中的灰色双箭头表示出元模型与数据模型间的关系。

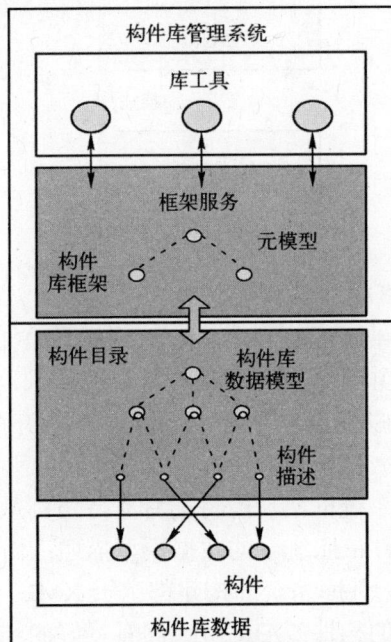

图 4-1 ALOAF 构件库框架的参考模型

2. ALOAF 构件库系统数据建模的层次

ALOAF 构件库系统包括 3 个数据建模层次：元模型层、数据模型层和数据层，如图 4-2 所示。

图中显示了三个层次之间的关系，其中以元模型层最一般，数据层最特殊。以互交换和互操作为目标，ALOAF 尤其强调元模型与数据模型的概念，数据模型是 ALOAF 参考模型中非常重要的一个部分。

构件库系统和数据模型层次有着紧密联系。构件库系统维护了一组构件并提供一种或多种分类模式，复用者可以借此在库中定位某个构件，构件库系统向复用者提供每个构件的信息。库中维护的资产信息是按照构件库的数据模型来组织的。因为面向的用户以及关注的焦点不同，各种构件库系统通常有不同的数据模型。最普遍的情况是数据模型被"硬式"写进创建构件库的程序中，当改变所维护的数据的性质时要重新编写实现构件库的程序，或者进行数据格式的转换。ALOAF 构件库系统所形成的数据建模的层次，以元模型为共享的基础，使各个构件库系统在元模型相同的情况下，各个不同的构件库之间的互联互操作成为可能。

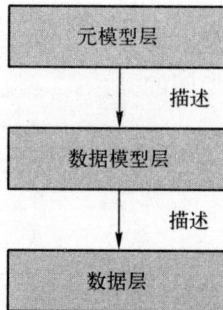

图 4-2　构件库数据建模层次

4.4.1.2　装备保障仿真构件库系统框架

装备保障仿真构件库系统框架（图 4-3），以 ALOAF 的参考模型 ALF-RM 和 ALCML 为基础，应用 CORBA、数据库等成熟的技术，涵盖 ALF-RM 的 3 个数据建模层次，是一个能够跨越异构平台、体系结构开放的分布式构件库系统框架。

装备保障仿真构件库系统框架功能特征有支持仿真系统开发所有环节的复用活动；构件库系统中的构件依照统一的数据模型描述；由于元模型 XML 语言具有广泛的应用，很多现有构件库系统的构建都基于 XML，使其可以管理现有的或将来可能出现的多种类型的构件；ALCML 具有良好的结构，对聚合级构件的特征表述比较准确，能用于有效管理和快速检索构件，并为理解、评价和选取构件提供支持；基于 CORBA 使其具有分布式管理能力，能够对地理位置分散的各种构件库实施管理和控制；具有构件反馈机制，能够对构件库做出动态评估；能够实施访问控制，用户根据权限访问构件库；提供统一的公共服务接口，各种高层工具通过公共服务接口访问构件库。

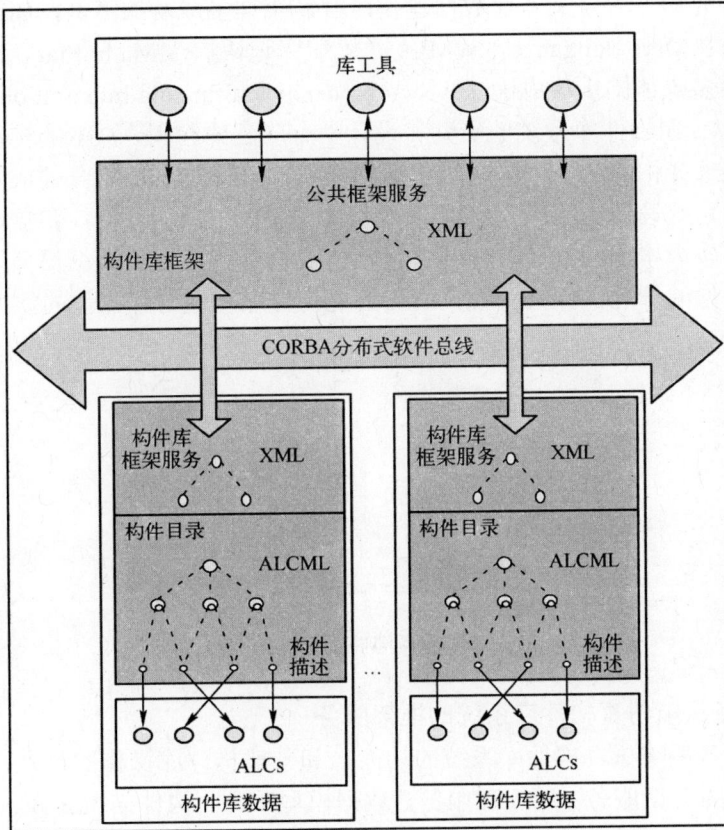

图 4-3　装备保障仿真构件库系统框架

1.　基于 CORBA 实现构件库系统的分布式结构

对象管理集团（Object Management Group,OMG）基于分布式对象技术，提出了一个对象管理结构的基准结构，包括描述互操作机制的 CORBA 以及对象服务规范。CORBA 的核心是对象请求代理 ORB，它是对象访问的代理，对象间的任何访问都要通过 ORB 实现[106]。在分布式环境中，CORBA 技术为屏蔽网络硬件平台的差异性和操作系统与网络协议的异构性提供了有力的支持。

装备保障仿真构件库系统应用 CORBA 对象构建构件库的框架服务，提供定义、创建、操纵和管理构件库的子库和构件的操作，以实现对构件库的分布式访问。CORBA 软件总线作为中间层，是装备保障仿真构件库系统与不同平台、分布在不同地理位置上的子构件库的连接纽带。

2. 装备保障仿真构件库系统的数据层次

装备保障仿真构件库系统的数据建模层次，涵盖元模型层、数据模型层和数据层，其所对应的具体实体是 XML、ALCML 和 ALCML 的实例，如图 4-4 所示。以 XML 为元语言，定义其他数据建模语言，有许多成功的案例，如无线应用协议（Wireless Mark language，WML）、数学标记语言（Math Mark Language，MathML）、多媒体同步集成语言（Synchronized Multimedia Intergration Language，SMIL）。XML 在构件库系统的研究和设计中有广泛的应用，众多的构件库研究者和设计者在选择构件的描述语言时，都选择了 XML。XML 本身的成熟性，以及其在构件库系统设计中的广泛应用，加之 ALCML 依据构件接口和实现的方式对聚合级构件较为本质的描述，使装备保障仿真构件库系统的数据模型能有力地支撑聚合级构件的管理，并具有较大的与其他构件库互通、互操作的能力。

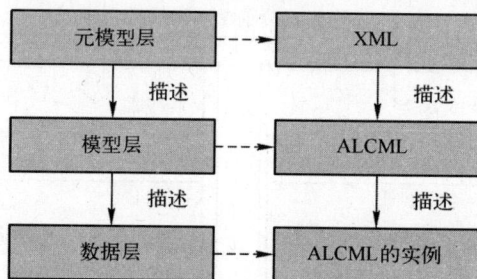

图 4-4 装备保障仿真构件库系统的数据建模层次

3. 装备保障仿真构件库系统的框架服务

依据装备保障仿真构件库系统的功能，和一般构件库操作的过程，可以把其框架服务分为会话服务、库管理服务、数据模型服务、构件描述服务、查询服务、构件处理服务、度量服务、访问控制服务 8 个部分：

（1）会话服务（Session Services）：管理与构件库的联接，支持用户及代表用户操作的库工具在不同场所之间传输构件及其描述。

（2）库管理服务（Library Management Services）：在库的操作环境中管理和操纵构件库，包括创建新库、删除库、打开和修改库以及关闭构件库等操作。

（3）数据模型服务（Data Model Services）：按照元模型管理和操纵构件库的数据模型，包括读、写、更新、删除以及导入 / 导出数据模型等。

（4）构件描述服务（Component Description Services）：管理和操纵个体构件描述，包括对构件描述信息的增、删、改、查和导入 / 导出等。

（5）查询服务（Query Services）：提供灵活的查询机制，在构件库中定位构件。构件库将提供基于构件描述信息的代数操作，在已知数据模型的前提下查询构件库，以找到与查询条件最佳匹配的构件集合。

（6）构件处理服务（Component Processing Services）：一旦用户找到感兴趣的

构件，提供为获取构件并充分复用构件所需要的信息和处理构件的机制。

（7）度量服务（Metrics Services）：提供构件使用情况的度量信息，以及统计信息的收集和存放等。这些度量信息能对构件复用者和库管理员提供有效的帮助。

（8）访问控制服务（Access Control Services）：管理用户对库数据和服务访问权限的相关信息。

各种服务间存在紧密的联系，它们之间的关系可用图 4-5 表示。

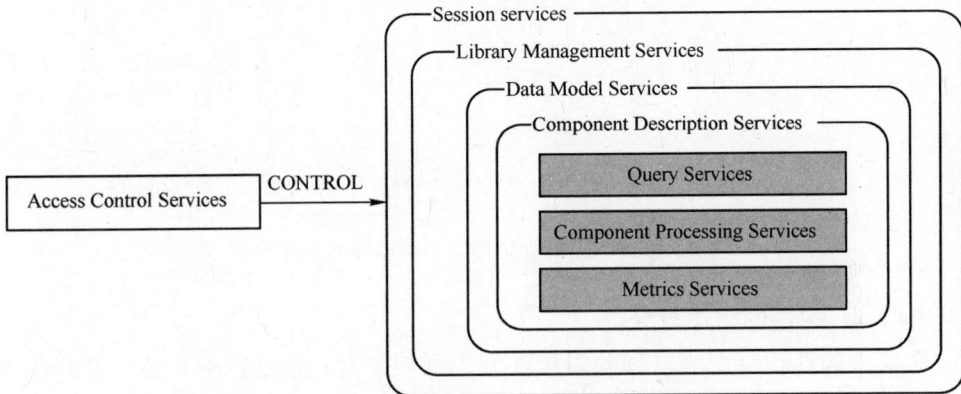

图 4-5　装备保障仿真构件库系统框架服务关系图

进入装备保障仿真构件库，首先要通过 Access Control Services。对装备保障仿真构件库的每个操作，都由会话开始，由会话结束。一个会话内的服务序列是 Session Services → Component Description Services → Data Model Services → Component Description Services→库的三种有效功能服务→Component Description Services→Data Model Services→Component Description Services→Session services。对构件库的服务序列进行规范，有利于构件库系统的构建和构件库的使用。

4. 装备保障仿真构件库系统的构件目录

装备保障仿真构件库系统的数据包括聚合级构件本身及其描述性信息和组织性信息。聚合级构件的描述由 ALCML 语言直接确定，构件的组织信息根据 ALCML 各个字段和领域本身的特点，对构件进行分类后而确定。

5. 装备保障仿真构件库内的管理信息

装备保障仿真构件库内的信息包括两部分：构件目录所代表的构件库数据和构件库的相关管理信息。构件库的相关管理信息包括用户权限信息和度量信息两部分，这部分的信息由用户数据库管理，用户数据库所管理的信息的组织结构不由构件库的数据模型决定。

4.4.2　装备保障仿真构件库的核心操作流程

装备保障仿真构件从入库到被用户使用所需要经过的核心操作流程主要包括

构件的描述与分类、验证、存储、检索、评估与反馈等。核心操作流程如图 4-6 所示。

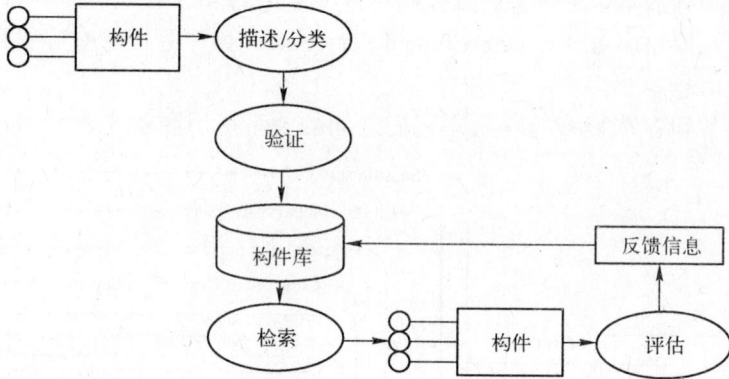

图 4-6　装备保障仿真构件库系统的核心操作流程

4.4.2.1　构件的描述与分类

对单个构件的复用可以划分为构件的识别与检索、构件理解和适应性修改 3 部分。因此仅从复用阶段而言，复用成本的公式可以为

复用成本=检索成本+理解成本+修改成本

要减小复用成本，使复用者能较正确地理解构件，更好地复用构件，就需要对构件进行描述和分类。

从构件的表示出发，W.Frakes 将现有的构件分类方法划分为人工智能方法、超文本方法和信息科学方法 3 类（图 4-7）。其中，信息科学方法在构件库的开发应用中较为成功。信息科学方法又分为基于受控词汇表（如枚举、刻面）分类和基于不受控词汇表（如关键词）分类两种形式。其中关键词分类、枚举分类、属性/值分类、刻面分类是构件库中较为常见的分类方法。

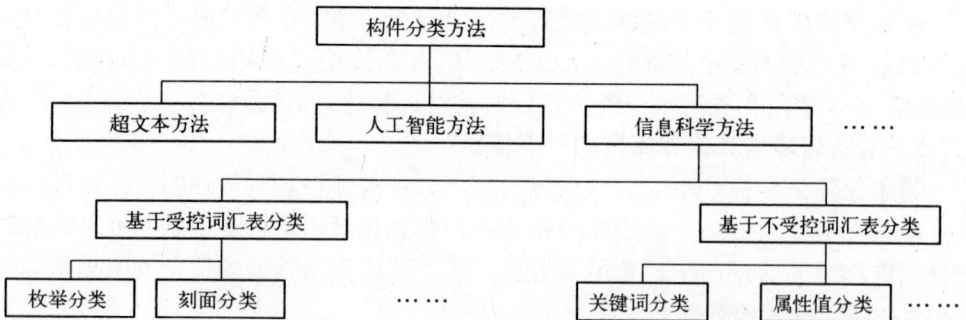

图 4-7　构件分类方法

（1）关键词分类。每个构件用一组与之相关的关键词编目。一般而言关键词

的取值是不受控词汇表，由于缺乏上下文语境，导致检索的效率和精确度也得不到保证。

（2）枚举分类。通常将一个被关注的领域划分为不相交的子领域，依次构成层次结构。此方法有一定的不足，很难解决同一个构件属于不同子领域的二义性问题，不易于随领域的演变而改变。

（3）属性值分类。构件是根据一组固定的属性和对应的值来描述的。属性的值域是无限的确定空间。

（4）刻面分类。该方法由一组描述构件本质特征的刻面组成，每个刻面从不同的视角对构件库中的构件进行精确的分类，每个刻面具有一组术语（关键词），术语空间是可以演变的有限不定空间。刻面分类方法使用存在着不少困难。一方面，刻面和术语空间的选择和确定将直接影响到此分类模式的基本结构，因此它们的选择和建立是一项艰苦的工作；另一方面，刻面和术语空间没有确定的、为大家所公认的标准，难以建立较为统一的术语空间，为构件库的互操作带来巨大的困难。

装备保障仿真构件，即聚合级构件的描述直接由 ALCML 语言直接确定。装备保障仿真构件的分类，采用一种方式为主要分类方式、几种方式为辅助分类方式的模式，构件库系统支持多分类模式，不把对构件的分类局限在一种体制上，以降低构件查询的难度，提高搜索率。具体而言，将根据装备保障仿真构件生产的特点，采取枚举分类方式作为主要分类方式，其他 3 种分类方式为辅助方式。

4.4.2.2　构件的验证与存储

装备保障仿真构件库需要对每个入库的构件进行定性和定量的评价，主要目的是为了区别构件满足需求的程度，预测构件将带来的收益等，以保证库中构件的质量和规范性，此过程称为构件的验证。目前，构件库基本上都没有提供自动验证的机制。装备保障仿真构件库主要通过一定的支持工具，通过构件库管理员手工确认提交的构件是否是合格构件，并给出评定。

根据装备保障仿真构件库内信息的划分，构件的存储包括构件实体的存储和构件的描述信息与组织信息的存储两部分。采取的存储策略是把构件描述与组织信息的存储和构件实体的存储相分离，构件描述信息和组织信息依照构件库的数据模型通过数据库系统进行存储，对于每个构件实体用独立的文件保存，通过文件管理系统来维护。这样装备保障仿真构件库系统的整体运行负荷较低，构件实体还可以通过网络分布到各个节点上，提高系统的开放性。不足之处是，采用这种方法，构件实体的安全性得不到保证，备份工作较为复杂。

4.4.2.3　构件的检索

从复用公式可以得知有效的构件检索机制能降低构件复用成本，因此构件检索是一项非常关键的构件库技术。构件检索方法可以归结为 3 类：基于外部索引的检索、基于内部静态索引的检索和基于内部动态索引的检索。

（1）基于外部索引的检索。如常见的关键词检索、刻面检索和基于属性的检索等。这类检索大多采用控制词典、属性等外部索引对构件进行检索。几乎所有的研究都认为提供自动化支持是十分必需的，自动索引、分层浏览、查询条件的简易规约和自动生成有助于增加构件的复用机会。

（2）基于内部静态索引的检索。根据构件自身的结构元素进行构件检索，其中构件规约的语法和语义匹配、结构匹配技术等是主要方法。构件规约是构件描述信息的特殊组成部分，用形式化的方法描述了构件功能的语法和语义，基于构件规约的检索包括语法匹配和语义匹配两方面的内容。到目前为止，规约的语法匹配已经研究得比较充分，语义的匹配也形成了一个一般性的方法，但是，构件规约的语义表达能力非常有限并且语义也十分复杂。而且，语义匹配过程中的自动定理证明机制将导致系统的响应速度急剧降低，如何改进自动定理证明机制从而降低匹配的时间代价是近年语义匹配的研究重点。

（3）基于内部动态索引的检索。指利用构件的可执行特性（如构件的输入与输出空间）进行检索。基于行为的检索是目前这类检索中较常见的方法。构件行为一般定义为构件对输入信息的动态输出响应。Podgurski 和 Pierce 提出了行为检索的基本原理，Mili 提出使用网格结构作为行为检索的基础。

从上述 3 类检索方法看，依次是由简到难。装备保障仿真构件库系统处在发展初期，因此选取第一种检索方式，在取得一定的经验后，根据情况发展较为高级的检索方式。

4.4.2.4　构件的评估和反馈

构件复用者检索和选取适当的构件，构件库管理员管理和维护构件及构件库，需要一套分析决策的辅助机制。一方面，构件评估与反馈机制有助于用户从检索到的构件中选取最符合需求的构件，提高选取过程的效率；协助构件库管理员管理构件、调整构件库中构件的组织结构等。另一方面，对构件度量也需要一套分析决策的辅助机制。如何处理度量结果，如何将后期度量与前期度量的结果相比较，如何将度量结果反映给用户，以及如何辅助用户利用度量值和反馈信息进行构件的评价和选取，都需要完善的工具支持。

装备保障仿真构件库系统的评估和反馈，拟采取人工评估和图形显示的综合方式来解决。人工评估主要是根据用户的使用情况，对相关信息手工汇总，给出评估信息。评估结果的给出，则通过评定级别和图形直观显示的方式。

4.5　装备保障仿真构件库系统的物理设计

装备保障仿真构件库系统的物理设计，需要完成的任务是把装备保障仿真构件库系统的逻辑设计变成一个可实现的物理方案。

4.5.1　装备保障仿真构件库系统的拓扑结构

基于装备保障仿真构件系统的逻辑设计，形成了一种装备保障仿真构件库的物理设计方案，其拓扑结构如图 4-8 所示。

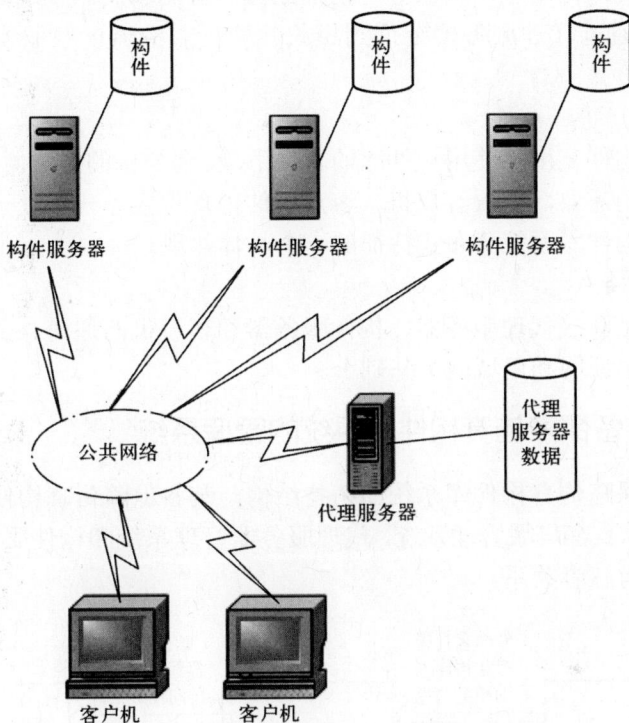

图 4-8　装备保障仿真构件库系统的拓扑结构

系统分为四大部分：构件服务器、代理服务器及代理服务器数据库、客户机和公共网络。客户机是使用构件的用户，构件服务器存储和管理构件，代理服务器为中间层，沟通客户机和构件服务器公共网络担负通信联络的作用。

1.　代理服务器

代理服务器作为代理服务者，通过代理服务器数据库存储了构件和构件服务器相关的数据，主要包括构件服务器信息、构件基本信息、用户信息等。当客户机需要访问构件库时，首先向代理服务器提出请求，代理服务器收到请求后，对于构件基本信息的查询请求，直接检索代理服务器数据库中构件的基本信息，并将检索结果返回给客户机；对于提取构件、获取构件详细信息等请求，代理服务返回构件定位信息，客户程序通过定位信息，定位到特定的构件服务器，完成相应操作。

81

2. 构件服务器

每个构件服务器自成体系。根据装备保障仿真构件库系统框架，其系统层向客户机或者代理服务器提供统一的基于 CORBA 对象的服务接口。构件服务器调用库挂接服务，向代理服务器提供有关注册信息，构件服务器可以连入分布式构件库系统；相反，调用库注销服务，构件服务器也可以脱离系统。客户机作为最终用户，可以通过代理服务器定位到相关各构件服务器，获取构件信息或提取构件。

3. 客户机

客户机是构件复用者使用构件库的直接手段。客户机的数量原则上不受限制，可以根据用户的需要，设置客户机。客户机的地理位置，一般处于分散状态，是装备保障仿真构件库系统分布式特征的一个具体体现。

4. 公共网络

公共网络是联接代理服务器、构件服务器和客户机的通道。公共网络可以建立在互联网、军训网和局域网等基础上。

4.5.2 装备保障仿真构件库系统的管理系统

根据装备保障仿真构件库系统的拓扑结构，装备保障仿真构件库管理系统显然可分三个层次：客户端管理系统、代理服务器管理系统和构件服务器管理系统，如图 4-9 所示为三者关系。

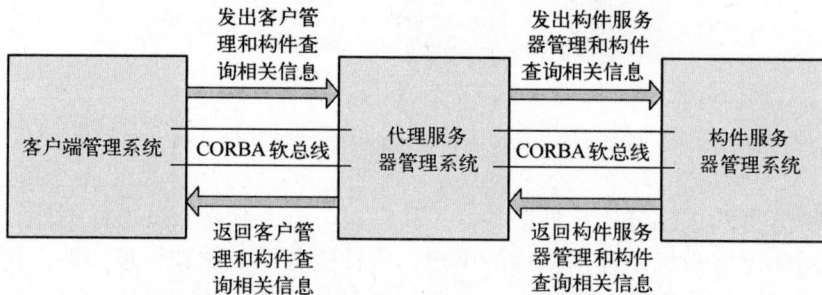

图 4-9　装备保障仿真构件库管理系统层次图

1. 客户端管理系统的用户和功能

客户端管理系统的用户是构件复用者。其需要实现的功能有：

（1）登录申请。构件复用者将用户信息提交到代理服务器管理系统，代理服务器管理员收到登录申请，在履行相关审核后确定是否允许用户登录构件库系统。

（2）查询构件。系统为用户提供构件查询界面，用户在此界面上输入查询条件，得到查询结果。

（3）使用申请。构件复用者查询到要使用的构件后，提出使用申请，使用申请发至代理服务器管理系统，代理服务管理员收集使用申请，在履行有关手续后将有关构件发送到客户端。

2. 代理服务器管理系统的用户和功能

代理服务器管理系统的用户有代理服务器管理员和客户端管理系统，其中代理服务器管理员为装备保障仿真构件库系统的第一级管理员。其需要实现的功能有：

（1）构件复用者信息管理。代理服务器管理员在收到构件复用者的登录、注册申请后，需审查构件复用者的资格，给构件复用者办理登录账户，确定构件复用者的权限等。

（2）构件服务器群管理。代理服务器是构件服务器群的集中管理中心，构件服务器可能随时加入和退出这个管理中心，其要负责构件服务器的加入和退出管理。

（3）构件库目录管理。构件库目录管理是构件库成功与否的关键，其完成是由代理服务器完成的。各个构件服务器一般存储装备保障仿真领域一个子领域的构件，代理服务器把各个构件服务器所能提供的构件的信息按领域特点组织起来，形成完整的目录。

（4）构件查询使用的代理功能。客户端管理系统是代理服务器的另一个重要的虚拟客户，因此代理服务器需要代理客户端管理系统向实际的构件服务器完成与构件使用相关的构件查询和构件提取功能。

3. 构件服务器管理系统的用户和功能

构件服务器管理系统的用户有构件服务器管理员和代理服务器管理系统，其中构件服务器管理员是装备保障仿真构件库的第二级管理员。其需要实现的功能有：

（1）构件管理。构件服务器是构件的实际管理者，因此构件服务器要管理构件的入库验证、入库存储和质量评价等工作。此时构件服务器和一般独立式的构件服务器存在类似之处。

（2）构件查询使用管理。构件复用者的构件查询和构件使用通过代理服务器的验证和认可之后，必将把联接和活动转移到构件服务器。因此，构件服务器要具备完整的构件查询工具，提供实际的构件查询和使用服务。

4.5.3　CORBA 对象类划分和部署方案

装备保障仿真构件库系统的管理和服务是通过 CORBA 对象实现的。根据管理系统的层次划分和功能划分，CORBA 对象类的划分和部署为图 4-10 所示的形式。客户端管理系统部署访问控制类客户端和构件查询使用类客户端；代理服务器管理系统部署访问控制类服务端、构件查询使用类服务端、构件服务器群管理类服务端和构件目录管理类客户端；构件服务器管理系统部署构件服务器群管理类客户端、构件查询使用类服务端、构件目录管理类服务端和构件管理类。

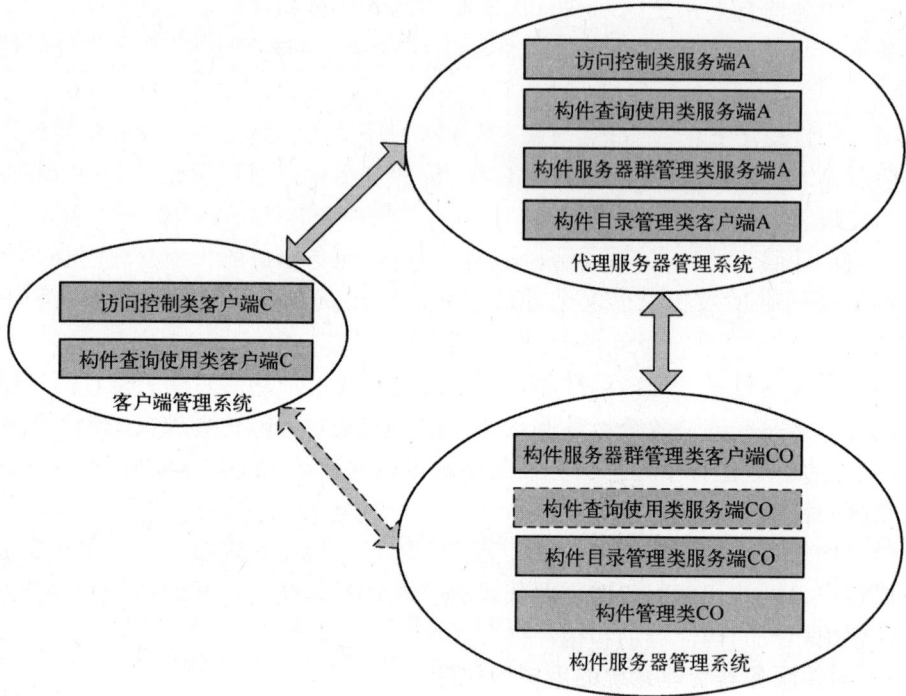

图 4-10　对象类的划分和部署

1. CORBA 对象类的实现

　　装备保障仿真构件库系统 3 层子系统 CORBA 对象类的实现，必须从整体的角度进行考虑。在各项操作上，按逻辑设计的核心操作流程中所规定的方法进行设计；对于构件的操作过程，各项操作按装备保障仿真构件库系统框架的服务模式进行组织；一个例外是访问控制类的客户端和服务端，对于构件库的访问控制逻辑，框架的服务模式没有做出相关规定，因为它不是构件库系统所关注的重点，同时其有各种成熟的应用，因此在此不作说明。

2. 客户端管理系统和构件服务器管理系统的关系

　　从图 4-9 所示看，客户端管理系统和构件服务器管理系统没有直接的联系，但在构件库管理系统的实现中，为了减少代理服务器的负担，在代理服务器为客户端管理系统与特定的构件服务器管理系统取得联系后，把对构件的相关操作直接托付给客户端管理系统与特定的构件服务器管理系统来完成。这样能够减少代理服务器管理系统中的操作量，平衡构件库系统中各个部分间的工作量，使装备保障仿真构件库系统成为真正的分布式构件库系统。

3. CORBA 对象类间的调用关系

各个 CORBA 对象类之间存在紧密的调用关系，对其进行区分有利于更准确和清楚地界定各对象类的操作和属性。根据各个 CORBA 对象类的功能，可把它们分成 5 种调用关系。

图 4-11 中，图（a）描述了访问控制类间的调用关系，用于描述客户端登录代理服务器的身份验证等；图（b）描述了构件服务器群管理类间的调用关系，用于描述代理服务器对各个构件服务器的管理；图（c）描述了构件目录管理类间的调用关系，用于描述代理服务器对各个构件服务器的构件目录的管理；图（d）、图（e）描述了两种构件查询和使用的方式，其中构件管理类完成构件的管理、描述和复用度量的相关操作，是 CORBA 对象类中的核心类。

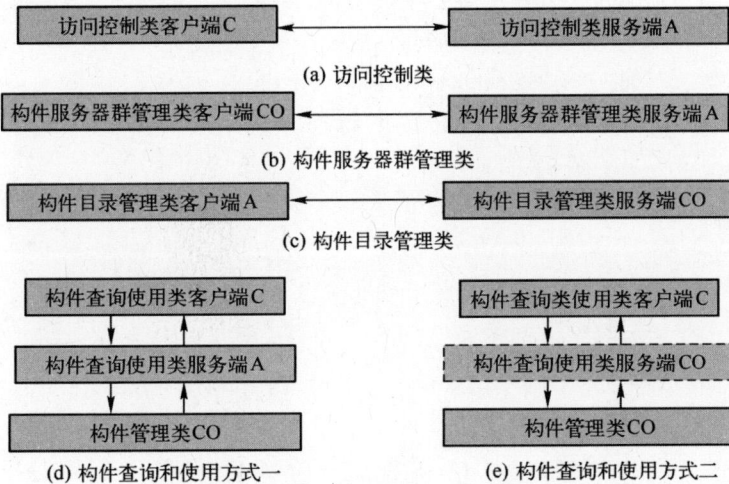

图 4-11　CORBA 对象类间 5 种调用关系

4.6　本章小结

本章以构件库系统发展现状、装备保障仿真构件库系统的功能、装备保障仿真构件库系统的建设要求为基础，对装备保障仿真构件库的逻辑设计和物理设计两个方面展开研究，取得了如下研究成果：

（1）对装备保障仿真构件库系统框架和核心操作流程两个方面进行研究，分析了构件库的内部结构和运行机制，形成了装备保障仿真构件库系统的逻辑设计。构件库系统框架主要解决构件库的结构设计，从总体的角度描述装备保障仿真构件库系统的实现方式。针对装备保障仿真构件库的分布式、可互联互操作和可扩展的特点要求，基于 ALOAF 和 ALCMLR，应用 CORBA、数据库等实用成熟的技术，构造了一个能跨越异构平台、结构开放的支持仿真系统开发所有环节复用的分布式构件库系统。核心操作流程对装备保障仿真构件从入库到被用户使用所需要经过的构件描述与分类、验证、存储、检索、评估与反馈等阶段采用的方法和技术进行了确认。

（2）在装备保障仿真构件库系统逻辑设计的基础上，装备保障仿真构件库系统的物理设计研究了装备保障仿真构件库系统的拓扑结构、管理系统的组成和层次、CORBA 对象类的划分和部署 3 个方面的内容。

第 5 章　装备保障仿真构件的复用

装备保障仿真构件的复用，是基于装备保障仿真构件的仿真系统开发方法的最后一个环节，也是目前研究中还没有较好解决、最难的一关。究其缘由，主要因为这一阶段和传统软件开发方法冲突最为严重，要求开发人员改变传统的开发思维和方法，接收复用的思想。

对这一问题的处理，主要采取 3 个步骤：

（1）提出装备保障仿真系统的通用框架，规范装备保障仿真系统的结构，减少仿真系统开发的复杂度，使开发人员能更容易地分析、抓住复用装备保障仿真构件的关键节点。

（2）在通用框架的基础上，研究装备保障仿真系统的开发过程和装备保障仿真构件的复用过程，确定复用装备保障仿真构件的时机和位置。

（3）对复用过程所确定的构件组装，研究并提出具体的实施方法。

5.1　装备保障仿真系统通用框架

5.1.1　装备保障仿真系统的构成

针对不同应用，特定应用的装备保障仿真系统具备鲜明的独有特征。但所有装备保障仿真系统的模拟对象都是装备保障系统，装备保障系统是总体上运行范围界限明显且相对稳定的复杂系统，因此，装备保障仿真系统总体上呈现类似的功能特征和系统构成。

下面以装备保障指挥训练仿真系统说明装备保障仿真系统的一般功能和构成。如图 5-1 所示。

该系统从训练业务的角度看，包括施训者、受训者、训练情况显示、训练绩效评估、保障力量分队等主要训练要素；从训练软件角度看，包括基础数据管理子系统、训练科目管理子系统、训练导调控制子系统、装备保障指挥作业子系统、装备保障力量仿真子系统、装备保障指挥训练态势显示子系统、装备保障指挥训练绩效评估子系统等 7 个子系统。

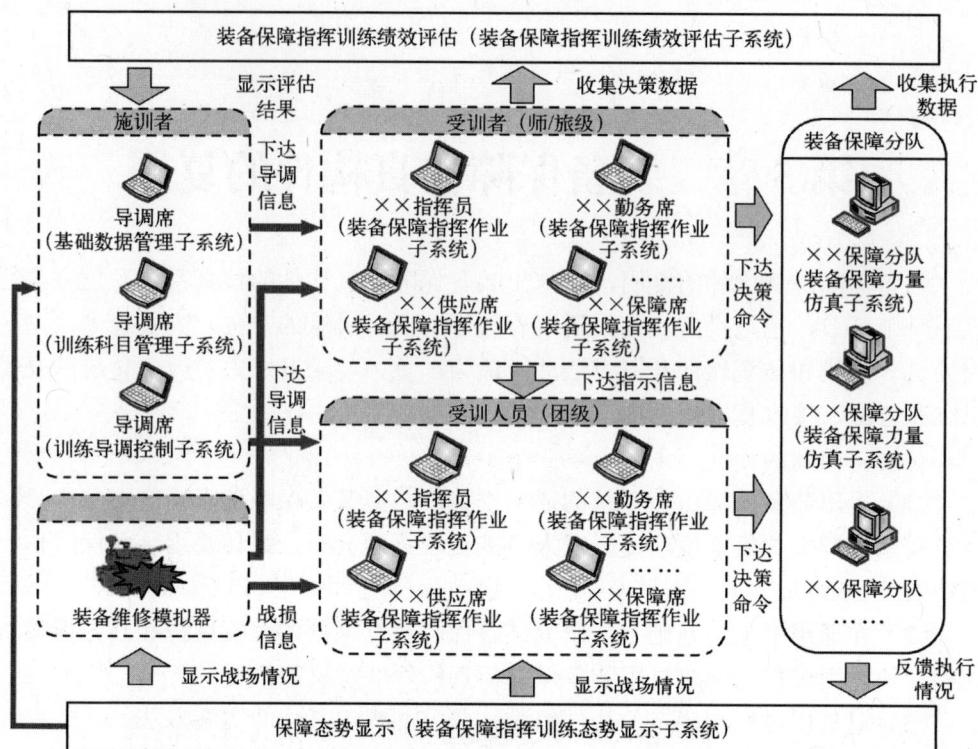

图 5-1　装备保障指挥仿真系统拓扑结构

各子系统的主要功能如下：

1. 基础数据管理子系统

该子系统能够提供装备保障指挥训练所需要的底层数据支撑，既满足训练科目生成需求，又能够为受训人员指挥决策提供参考。主要包括作战及装备保障基本资料、作战及装备保障战例数据、装备数据、部队编制数据、战场环境数据、试验及演习数据、军事规则、标准规范等内容。

2. 训练科目管理子系统

该子系统主要为施训者针对不同训练对象、训练目的和训练任务，分析与计算训练所需资源的种类和数量，规划训练实施方法与步骤，形成训练方案，生成训练计划。并按照训练计划设置训练科目，战场环境（包括地理环境、人文环境和气象环境设置），指挥体系（包括对抗方、指挥所、席位和部门设置），训练保障兵力等。

3. 训练导调控制子系统

该子系统主要通过建立的各类导调席对模拟训练过程进行控制，并实施实时监控和业务干预。

4．指挥作业系统

该子系统支持装备保障指挥机关首长与参谋人员在装备保障行动和过程进行干预与控制，开展专项性的指挥技能训练、集团作业和编组作业方式的想定作业模拟训练。系统主要具备保障力量编组与部署、保障想定推演作业、文电传输、要图标绘、保障辅助计算等功能。

5．装备保障力量仿真子系统

该子系统主要模拟受指挥的装备保障力量分队执行装备保障行动，体现受训人员的装备保障决策指令的执行，提供装备保障行动结果。

6．装备保障指挥训练态势显示子系统

该子系统主要把受训人员的装备保障决策、装备保障力量的行动、装备保障行动结果真实地反映在特定物理媒介上，供施训人员和受训练人员了解装备保障指挥效果，以便做出相应的干预和决策。

7．装备保障指挥训练绩效评估子系统

该系统能够依据所建立的成绩评定项，实时采集训练过程中的相关数据，按照所建立的计算模型，对照标准数据，给出训练成绩的综合评定，分析训练过程中存在的问题，给出改进的建议。

一般情况下，装备保障仿真系统具备上面类似的结构框架。

5.1.2　装备保障仿真系统的特点

1．系统庞大、复杂

从装备保障仿真对象的业务过程看，涉及训练（或实验）准备、训练（或实验）实施和训练（或实验）评估等基本阶段，所仿真的过程较多；从装备保障仿真对象的仿真内容看，涉及指挥员、指挥机关和保障力量等多个层次的力量仿真，所仿真的实体较多，一般战术级部队装备保障仿真实体约为 $300\sim500$ 个，种类大约 50 类。由于所仿真对象的复杂性，导致装备保障仿真系统一般非常的庞大和复杂。

2．业务逻辑变化快

随着我军从机械化向信息化过渡和转型，作战部队装备变化频繁，不同类型部队装备存在较大差异，即使是同类型部队也因为发展的差异性，列装装备也存在较大差异性，导致装备保障的仿真对象变化快和结构繁复。更重要的是，装备保障的组织结构处于高度不稳定，为了加强装备保障的建设，1998 年改变原有装备保障体制，成立总装备部；进入 21 世纪，为了进一步合理统筹保障力量，部队后勤力量和装备力量开始合并，统称为保障力量；军队编制体制改革和调整大幕拉开后，装备保障力量组织结构发生了翻天覆地的变化。被仿真对象的变化性，对装备保障仿真系统而言，直接的后果就是装备保障仿真业务逻辑变化较快。

3. 领域知识难度大

实施装备保障仿真，首先必须了解装备保障业务。

装备保障，是军队为使所编配的武器装备顺利遂行各种任务而采取的各项保障性措施与进行的组织指挥活动的统称，是装备工作的重要组成部分。此定义一是强调了装备保障的功能与目的，即服从并服务于军队建设和军事斗争对武器装备的需求。二是解释了装备保障的活动内容，各项保障性措施和组织指挥活动。

因此，实施装备保障仿真，首先要掌握装备保障自身的活动内容及组织指挥，另外，由于其服从并服务于军队建设和军事斗争对武器装备需求的责任特点，决定实施装备保障还必须要掌握其他军兵种的业务知识，否则实施装备保障将是空中楼阁，同理装备保障仿真也具有两样的要求。

5.1.3 提出通用框架的意义

装备保障仿真系统通用框架，是对装备保障仿真系统总体结构的一种指导性的描述和规定，它规定装备保障仿真系统通用的系统主体结构、构成层次和各层成分等内容。针对装备保障仿真系统变化快，开发难度大，通用框架的提出有如下几点意义：

1. 规范化开发装备保障仿真系统

提出一个通用的装备保障仿真系统框架，在通用框架的指导下，所开发的装备保障仿真系统将拥有统一的总体结构和类似的成分构成，系统具有规范的形式；在此基础上，还可以进一步形成规范的开发过程。两个方面的结合，使规范化开发装备保障仿真系统有了基本的依据。

2. 提供复用装备保障仿真构件的切入机会

通用框架确定后，能更加容易地明确提炼、定义系统开发工作中出现的重复性工作。对于这些重复性工作，一部分可以通过装备保障仿真系统集成开发环境里的自动化工具自动实现，另一部分通过装备保障仿真构件库等资源复用管理工具为基础通过复用来实现。在这种情况下，在系统开发过程中寻找复用构件的时机和进入位置将更加容易。

3. 减轻系统开发人员的工作难度

开发人员掌握通用框架后，可以集中精力开发装备保障仿真业务逻辑模型；在装备保障仿真构件库完善后，开发人员的主要工作，就可能仅仅是系统目标的确定和系统集成两个方面，工作难度大大减小。

4. 提高开发效率

随着时间推移，应用通用框架的经验不断积累，现有通用框架的缺点不断暴露，经过修订后通用框架将更加完善，系统结构的条理性将更强。有了这些有利条件，系统开发的效率必然提高。

5.1.4 装备保障仿真系统通用框架的建设要求

装备保障仿真系统通用框架,是对装备保障仿真系统较高层次的规范。在通用框架构建之初,把一些仿真系统开发中较难解决的问题放在通用框架层面分析、研究和解决,是一个有利的时机。针对装备保障仿真系统开发中出现的一些普遍性问题,对通用框架的构建提出如下要求:

1. 基于分布式体系结构

从装备保障仿真系统当前的研究看,其仿真的对象一般都涉及多种武器、多种平台,其发展趋势是实现构造仿真、虚拟仿真和实物仿真多种类型仿真的融合,仿真人员在地理上处于分布状态,构成一种分布式虚拟战场环境,达成一种仿真参与人员分辨不出是在仿真系统中还是在真实系统中的虚拟环境。因此,装备保障仿真系统通用框架首先应确定其基于分布式仿真体系结构。

2. 通用框架有利于系统集成

装备保障仿真系统开发的一个目标,是通过自动化工具和仿真资源复用工具,推动仿真系统开发的简单化,使系统开发的任务不再从零开始,系统开发的主要任务是系统集成,通用框架对这个目标应予以支持。

3. 通用框架利于复用仿真资源

装备保障仿真构件比较复杂,实现代价昂贵,在多个系统中重复开发同一类仿真构件是一种不经济的选择,所以要考虑提高仿真资源的重用度,确保其使用不仅仅局限于满足当前系统的实现,更要考虑今后系统的再开发和重用,以缩短系统的开发周期,降低开发成本。在通用框架这个层面,应该提供一种机制或规范,使通用框架利于复用仿真资源。

4. 通用框架对互操作支持能力强

装备保障仿真系统中,一般都存在大量的人到机器、机器到机器和机器到人的交互过程,具有较多的互操作,是装备保障仿真系统的一个基本特征。因此,要求通用框架对互操作具有较强的支持能力。

5.1.5 HLA 及其对复用的支持

1. DIS 向 HLA 的演变过程

随着网络技术、微处理技术、实时图像生成器等技术的发展,在协同作战、训练和国防领域新武器系统研究和开发的需求牵引下,1983 年美国提出了 SIMNET 计划,这是一种多武器平台联网仿真,到 20 世纪 80 年代末 SIMNET 计划结束时,已经形成了约 260 个地面装甲车辆仿真器和飞机模拟器以及通信网络、指挥所和数据处理设备等的网络,分布在美国和德国的 11 个城市。在 SIMNET 的基础上,发展形成了分布式交互仿真(Distributed Interactive Simulation, DIS)。1989 年,在美国召开了第一届 DIS 研讨会,并成立了工作小组,开始着手制订

DIS 的各种规范协议。1992 年，在第六届 DIS 研讨会上，提出了 DIS 的体系结构。DIS 可以定义为：采用协调一致的结构、标准、协议和数据库，通过 LAN 或 WAN，将分散在各地的各类仿真系统互联，且人可以参与交互的一种综合环境。分布式交互仿真是时空一致性、互操作性、可伸缩性的分布式综合环境的表达。

1995 年，针对 DIS 体系结构存在的问题，为实现将构造仿真、虚拟仿真和实物仿真集成到一个综合环境中，以满足各种类型仿真的需要，又提出了建模和仿真的高层体系结构 HLA。HLA 是在美国国防部建模与仿真办公室 DMSO 的指导下建立的，在经过四个原型系统的开发和实验后，于 1995 年正式公布了 HLA 的定义、组成和接口规范说明。HLA 的基本思想就是使用面向对象方法设计、开发和实现系统的对象模型，从而获得仿真联邦的高层次的互操作和重用。RTI 原型系统的开发实现起始于 1994 年年底，最初的 RTI 实现主要用来对 HLA 体系结构进行验证，并对早期的接口规范进行评价。

2. HLA 的逻辑结构

HLA 体系结构最显著的特点，就是实现了仿真功能与运行支撑系统的分离。在 RTI 体系结构的设计上也采用了这个特点，主要采用分布式、层次化和模块化的体系结构，各功能模块之间尽量减少耦合关系，并采用层次调用的关系，增强各功能模块的独立发展性，减少相互之间的影响，如图 5-2 所示。

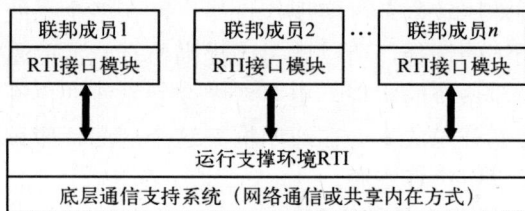

图 5-2　HLA 仿真的逻辑结构

3. HLA 对复用支持的不足

但在实际开发中，遵循 HLA 标准开发的联邦成员的重用性和一致性往往难以令人满意，这是由 HLA 基本原理决定的。HLA 规定了一组强大的、由 RTI 实现、通过 RTI API 接口访问的仿真服务。在特定的联邦内，联邦成员调用这些服务可以创建和维持一个复杂的联邦仿真实现，其中关键是各联邦成员的 SOM 必须与预先在 FOM 中规定的对象类和交互类集合一致，否则即使各联邦成员都符合 HLA 标准，也难以实现互操作和重用。这是因为 FOM 将以 FED 文件形式为各联邦成员共享，用于初始化 RTI 服务，SOM 中需要互操作的对象类、交互类都须在 FOM 中以公布/订购方式预先定义，并且在各联邦成员中通过编程实现。

HLA 的原理决定了系统开发要以 FOM 为中心，美军提出的 HLA FEDEP（Federation Development and Execution Process, FEDEP）模型明显反映了这一

思想。这带来的问题是开发系统时，如果对联邦功能即 FOM 进行修改，即使是细微改变，也可能造成联邦成员的大量修改。尽管 HLA 可以支持重用，但应明确这是建立在 RTI 和 FOM 一致基础上的联邦成员级的重用。因此这种与 RTI 和 FOM 密切相关的开发方式，使系统开发复杂度增大，限制了联邦成员的重用和可移植性。之所以出现上述问题，根本原因是在系统开发的实现上，仿真逻辑和仿真实现与 RTI 接口紧密耦合，以及联邦成员开发缺乏统一的编程框架所致。

4. BOM 对 HLA 复用支持不足的改进尝试

从 1997 年秋天开始，仿真互操作标准化组织（Simulation Interaction Standard Organization，SISO）在 RFOM（Reference FOM）的基础上提出了基础对象模型 BOM 的概念，其目的主要是解决联邦开发过程中 FOM 设计所存在的问题，即重用性较差、重复性工作多的问题。BOM 作为开发仿真模型的基础，是一组可重用的信息包，用来表示仿真内部交互活动的各种模式，并作为建模用的"材料"应用到仿真系统的开发和扩展中，通过不同的仿真模型的组合实现联邦成员开发的灵活性。为此，SISO 在 2000 年建立了 BOM 研究小组，进一步研究 BOM 的有关概念和方法，同时也成立了专门的 BOM 产品开发小组。目前，已经开发了一些相关的标准，如 BOM 的模板规范（SISO-STD-003.1-DRAFT-V0.11）和 BOM 使用指南（SISO-STD-003.0-DRAFT-V0.11）等文档。

BOM 方法将关注的重点放在 FOM（及 SOM）"零件"的重用上，而这些特殊的"零件"就被认为是 BOM。可以把 BOM 看作是组装 FOM 或 SOM 的构件，或者看作是一个 mini-FOM，同一个 BOM 可以在组装不同的 FOM 或 SOM 时发挥作用。

BOM 的定义是：一个仿真构件，用来描述联邦相互影响活动的某一方面，是能够用于构造 FOM 和 SOM 的一个模块。类似于一个 FOM 或 SOM，一个 BOM 就是满足 IEEE 1516 OMT 规范的一个数据集合，是一条仿真互操作性的"线索"，由一个或多个的对象类、交互类及相关的属性、参数和父类数据组成。与 FOM 和 SOM 的不同之处：一是 BOM 扩展了额外的元数据（Meta-Data），用于帮助开发它在重用方面的潜能；二是一个 BOM 仅仅表示了相互影响活动的某一方面，而不像一个 FOM（或 SOM）那样表示相互影响活动的完整状况。

BOM 的提出，对基于 HLA/RTI 的复用活动有一定的促进作用，但其对复用的支持是有限的，因为仿真实现和 HLA/RTI 还是紧密联系在一起的，任何对 FOM 或 SOM 或 BOM 的修改还会涉及对仿真实现的修改。在实际的应用中，对于 BOM 不加修改，就能直接应用的时机比较少。

5.1.6　基于 HLA 和 ALCM 的通用框架

根据装备保障仿真系统通用框架的建设要求，在分析 HLA 对复用的有利面和不利面基础上，基于 HLA 和 ALCM，提出装备保障仿真系统通用框架，如图 5-3 所示。

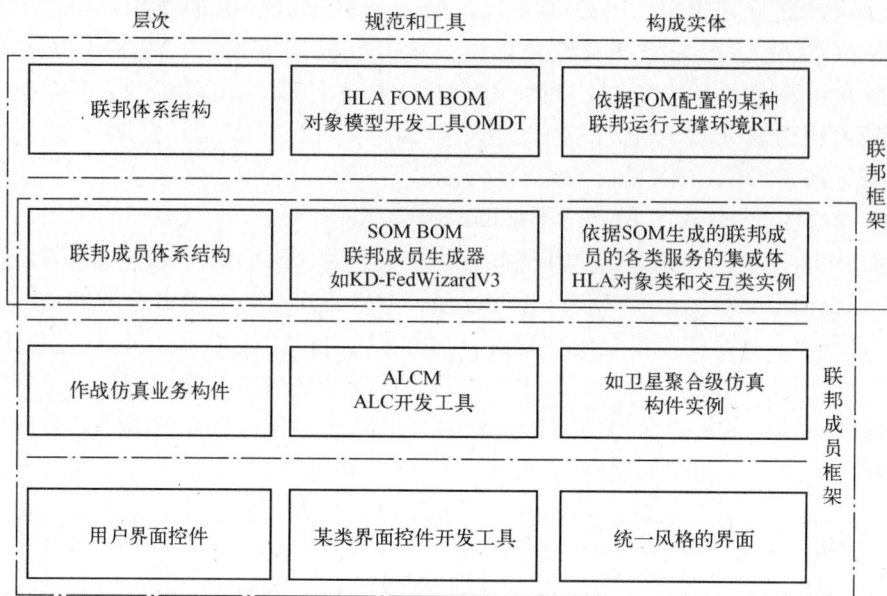

层次	规范和工具	构成实体	
联邦体系结构	HLA FOM BOM 对象模型开发工具OMDT	依据FOM配置的某种 联邦运行支撑环境RTI	联邦框架
联邦成员体系结构	SOM BOM 联邦成员生成器 如KD-FedWizardV3	依据SOM生成的联邦成 员的各类服务的集成体 HLA对象类和交互类实例	联邦成员框架
作战仿真业务构件	ALCM ALC开发工具	如卫星聚合级仿真 构件实例	
用户界面控件	某类界面控件开发工具	统一风格的界面	

图 5-3 装备保障仿真系统通用框架

装备保障仿真系统通用框架，由联邦框架和联邦成员框架两个父层次、四个子层次构成，完整地规定了装备保障仿真系统的主要结构。联邦框架由联邦体系结构和联邦成员体系结构两个层次组成，用于规定整个联邦的总体结构；联邦成员框架由联邦成员体系结构、装备保障仿真业务构件和用户界面控件组成，规定各个联邦成员的结构和成分。其中，联邦成员体系结构横跨两个父层次。

5.1.6.1 联邦框架

联邦框架由联邦体系结构和联邦成员体系结构两个层次构成，规定了联邦和联邦成员的结构，确定了系统的联邦管理、声明管理、对象管理、所有权管理、时间管理和数据分布管理的实现方式，并依据系统所开发的 FOM、SOM 确定装备保障仿真系统业务功能的分布，同时确定一个各类联邦成员通用的仿真流程。

1. 联邦体系结构层

联邦体系结构层由 HAL 规范，由联邦运行支撑环境 RTI 具体实现，由 FOM 配置完成。联邦运行支撑环境 RTI 类似一个分布式操作系统，提供仿真应用程序的编程接口 API，所有的联邦成员都通过 RTI 进行通信和协调，即在一个联邦的执行过程中，所有的联邦成员按 HLA 的接口规范，通过 RTI 提供的服务与 RTI 进行数据交换，实现成员间的交互。RTI 软件系统的逻辑结构如图 5-4 所示。

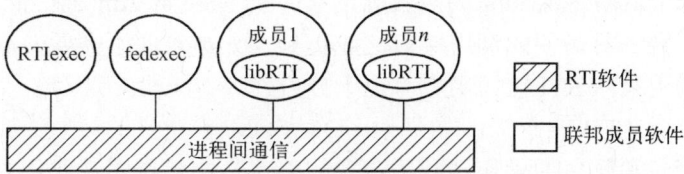

图 5-4　RTI 系统逻辑结构

RTI 服务器执行两个全局进程：RTI 执行进程 RTIexec 和联邦执行进程 Fedexec，它们分别对联邦级和联邦内的事务进行管理。RTIexec 先于 Fedexec 运行，它负责创建和取消联邦执行，可同时对多个不同名的联邦进行管理。Fedexec 由第一个加入联邦的成员通知 RTIexec 启动，负责管理联邦成员之间的交互操作。

2. 联邦成员体系结构层

HLA 对联邦成员这一级别的子应用系统没有具体的规范，其主要目的是想给联邦成员的开发增加灵活性，但同时也造成了两个方面的不足：一是联邦成员的开发不具有规范性，不规范的开发活动给寻找复用时机造成了一定的困难；二是联邦成员的开发难度很大。尽管 RTI 提供了反映 HLA 接口规范的 API 函数，但它将联邦状态的管理留给成员开发者。对于联邦成员开发者来说，面临着理解和使用 RTI 运行机制以及它的接口函数的问题，使他们无法专注于仿真业务逻辑的开发。根据经验，对于不熟悉 RTI 的开发者，开发联邦成员是一件很困难的事情，即使是熟知 HLA/RTI 的成员开发者也需要大量的时间去编写和调试这些代码。装备保障仿真系统通用框架将对联邦成员的开发也做出具体的规范，对联邦成员的联邦管理、声明管理、对象管理、所有权管理、时间管理和数据分布管理采取一个统一的处理机制，同时确定一个对所有联邦成员而言都适用的固定仿真流程。虽然这样减小了联邦成员开发的灵活性，但减轻了联邦成员开发人员的负担，规范的开发也给复用仿真资源提供了机会。

但成员体系结构的规定和开发也不是一件简单的事情。在这个问题的处理上，将借用国防科技大学机电工程与自动化学院军用仿真技术室开发的联邦成员代码自动生成工具 KD-FedWizard 及其所采用的思想。KD-FedWizard 的运行平台是 VC++6.0，基于微软基础框架库 MFC，它根据 FOM（SOM）数据生成联邦成员软件框架，即成员软件的 VC++外壳代码，框架代码实现并封装了 RTI 所有的接口函数。在这个框架的基础上，联邦成员开发者只需完成业务逻辑的仿真，即可完成联邦成员的开发，而不必关心 RTI 运行机制。

KD-FedWizard 在生成规范的联邦成员主体代码上，有几个显著的优势：

（1）通过两个类 CFederate 和 CFederateAmbassador，封装了仿真过程所需的大部分 RTI 类 RTIAmbassador 的函数以及 RTI 类 FederateAmbassador 的所有回调函数，形成了统一且简便的调用接口，成员开发人员对此不需要做过多的干涉，在需要手工调用某些 RTI 接口函数时也十分方便。

（2）通过类 CFWPackData 实现对 FOM/SOM 表定义的对象类或交互类的属性或参数的打包和解包的操作。利用众多的宏定义，该类实现对任意复杂数据类型的打包和解包，使难度和工作量都很大的数据的打包和解包得到根本性简化，操作起来非常方便。

（3）通过类 CFWBaseClass 和一系列辅助类实现对 HLA 对象类实例和交互类实例的统一管理，方便了 HLA 对象类和交互类实例的搜索和调用。

（4）创建了联邦成员用于仿真的独立线程，与所创建的 MFC 界面线程分离开，描述了成员的运行过程。

（5）根据 FOM/SOM 自动生成了完整的 HLA 对象类和交互类代码。

对于联邦成员体系结构层，不同的开发组织采取的方案可能不同于上述提到的解决办法，其实上面提到的解决办法只是众多方法中一个可行的方案，还有 AEgis Research Corporation 公司开发的 FEDproxy，加拿大 ObjectForm Inc 公司开发的 TRAXX 等，使用起来也非常方便。但有两点必须指出：一是为了给复用活动提供时机，对联邦成员这一级做出规范是必要的；二是不管采用何种方法，基于哪种平台，对 RTI 接口函数采用面向对象的思想进一步封装，对于规范化开发和提高开发效率的帮助很大。

5.1.6.2　联邦成员框架

联邦成员框架由联邦成员体系结构、装备保障仿真业务构件和用户界面控件组成，三者一起对单个联邦成员的结构和构成做出规范。上文对联邦成员体系结构做出了规范，现对装备保障仿真业务构件和用户界面控件进行说明。

1.　装备保障仿真业务构件层

联邦成员体系对调用 RTI 接口、HLA 对象类实例和交互类实例的生成和管理、仿真线程做出了具体的规范，但对仿真功能的实现则没有进一步说明，装备保障仿真业务构件层即是对这一空缺的填补。装备保障仿真业务构件采用第 3 章提出的聚合级构件模型 ALCM 为基础进行开发。基于 ALCM 生成的构件有规范的接口和实现体的区分，体现领域的共性和差异性，组装性较好，具有较好的复用支持。

2.　用户界面控件层

用户界面控件层是通用框架的最低层次，离用户最近。从用户的需求出发，运用用户界面控件，形成风格一致的用户界面，是这个阶段的任务。装备保障仿真系统通用框架，对用户界面的具体形式不作明确的规定，原因在于不同的用户，不同的仿真系统开发需求，开发不同用户界面的要求是客观存在的。从实际的需要出发，应该允许这种不同存在。提出几条建议：

（1）以满足用户的需求为导向开发用户界面控件和界面；

（2）在一个联邦的范围内，对所有联邦成员的用户界面控件和界面的开发应采取统一的风格，且在开发之初就应做出明确的规定；

（3）尽量选择成熟的开发平台。

5.2　装备保障仿真构件的复用过程

5.2.1　软件开发过程

软件开发过程是为获得软件产品，在软件工具支持下由软件工程师完成的一系列软件工程活动。每个软件开发机构都可以规定自己的软件开发过程。针对不同类型的软件产品，同一软件开发机构也可能使用多个不同的软件开发过程。

5.2.1.1　几种主要软件开发过程模型

在 1970 年，由 Royee 提出了第一种软件开发过程模型——瀑布模型。当时，软件开发过程模型也称为软件生命周期模型。从那之后，随着研究的不断深入、经验不断积累以及软件工程其他领域的发展，人们对软件开发过程本质的认识在不断提高，软件开发过程模型也在不断发展之中。20 世纪 80 年代以来，又陆续出现了快速原型模型、渐增式模型、螺旋模型、喷泉模型、形式化模型等多种新模型。下面简单介绍一下瀑布模型和喷泉模型。

1. 瀑布模型

瀑布模型即生命周期模型，其核心思想是按工序将问题化简，将功能的实现与设计分开，便于分工协作。采用结构化的分析与设计方法，将逻辑实现与物理实现分开。瀑布模型将软件生命周期划分为软件项目计划、项目需求分析、系统分析、系统设计、编程实现、系统测试、系统运行和维护 7 个步骤，规定了它们自上而下、相互衔接的固定次序，如同瀑布流水，逐级下落。采用瀑布模型的软件开发过程如图 5-5 所示。

2. 喷泉模型

喷泉模型是一种以用户需求为动力，以对象为驱动的模型，主要用于描述面向对象的软件开发过程。喷泉模型认为软件开发过程自下而上的各阶段是相互重叠和多次反复的，就像水喷上去又可以落下来，类似一个喷泉。各个开发阶段没有特定的次序要求，并且可以交互进行，可以在某个开发阶段中随时补充其他任何开发阶段的遗漏。喷泉模型的软件开发过程如图 5-6 所示。

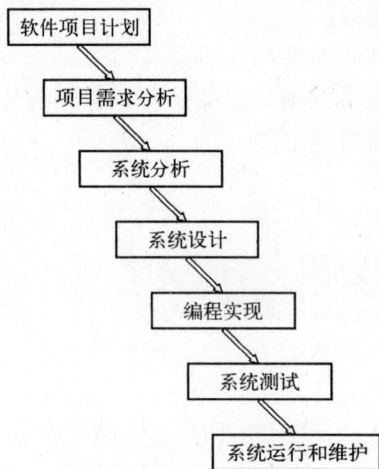

图 5-5　瀑布模型示意图

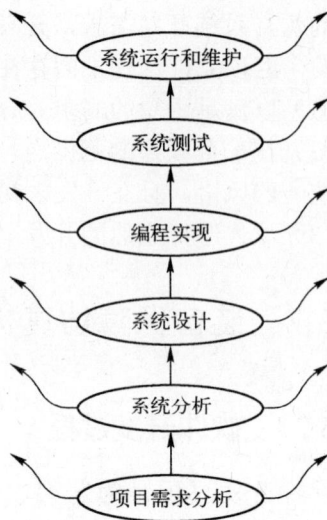

图 5-6　喷泉模型示意图

5.2.1.2　标准软件开发过程

　　良好的过程和过程管理是产品质量的保证，这已成为产业界的共识。为此，ISO 为所有产业产品质量标准制定了 ISO9000 系列，其中 ISO9001 为软件开发过程规定了 20 条必要的活动。20 世纪 90 年代初，ISO 组织为软件生命周期过程制定了 ISO-12207 标准。它规定了一个正式的软件必须经过的过程，如图 5-7 所示。

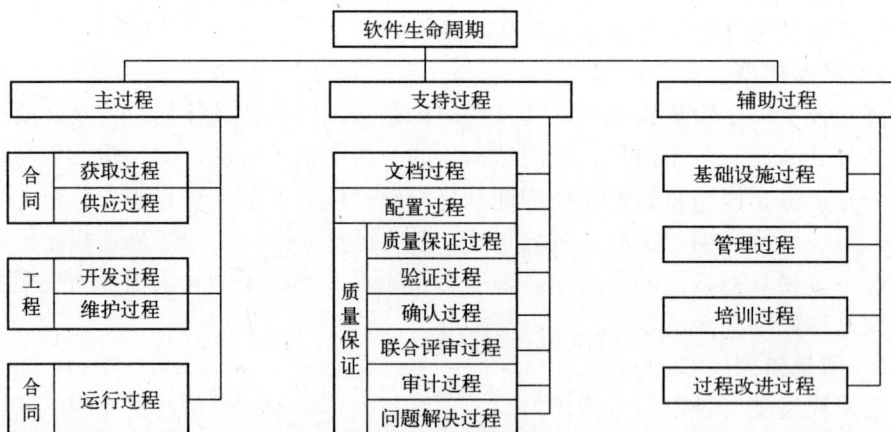

图 5-7　ISO-12207 过程标准

5.2.1.3　软件开发过程元模型

　　不同的软件开发过程，过程模型会有很大的不同。软件开发过程元模型是分析各种软件开发过程，考察各种软件开发过程的异同点，以及构建新型软件开发过程的重要工具。图 5-8 为软件开发过程元模型。

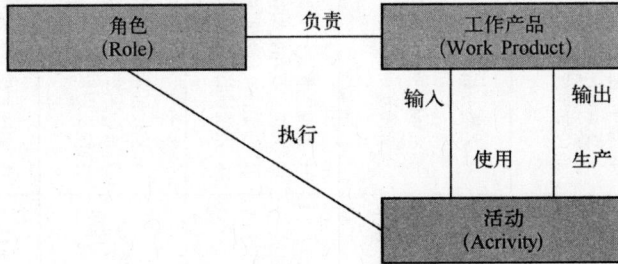

图 5-8　软件开发过程元模型

软件开发过程元模型显示了任何软件开发过程都必不可少的角色、活动、工作产品的概念。角色是对个人或作为开发团队的一组职责的规定；活动是角色执行的工作单元；工作产品是工作的成品或半成品。

角色的职责，具体体现在其执行的活动和负责的工作产品上。工作产品是由活动生产出来的——工作产品是活动的输出。然而，活动本身也可能以工作产品为输入——活动可能要求使用工作产品。工作产品可以既是活动的输入又是它的输出——活动修改工作产品。

5.2.2　装备保障仿真构件的复用过程

1．过程研究的基本思路

装备保障仿真构件的复用过程，采用喷泉模型，用软件开发过程元模型进行定义。其范围，相比于 ISO-12207 标准软件开发过程，主要研究其主过程的开发过程部分。装备保障仿真构件的复用过程，是在面向对象的软件开发过程与联邦开发和执行过程 FEDEP 的基础上，寻找构件复用时机，增加构件复用，用于开发装备保障仿真系统的工程性活动。进一步而言，装备保障仿真构件的复用过程，是开发装备保障仿真系统和复用装备保障仿真构件两项活动的融合，是用于装备保障仿真领域的软件开发过程。

2．装备保障仿真构件的复用过程框架

装备保障仿真构件的复用过程，从横向看，分为层次、过程及活动、阶段、角色和工作产品 5 个方面；从纵向看，可以分为三个大的层次，如图 5-9 所示。

3．装备保障仿真构件的复用过程的层次分析

装备保障仿真构件的复用过程分为三个大的层次：起点层、开发层和终点层。

层次	阶段	角色	工作产品
起点	项目发起	1.项目倡导者；2.用户；3.项目承担者；4.构件库管理员	1.项目开发计划书；2.项目复用计划书
概念层	需求分析	1.领域专家；2.需求分析师；3.构件库管理员	1.用例；2.业务需求模块；3.候选构件；4.需求分析阶段复用反馈
逻辑层	系统分析	1.领域专家；2.系统分析师；3.系统构架师；4.构件库管理员	1.系统分析类图；2.联邦成员；3.初步选定的构件；4.FOM、SOM；5.系统分析阶段复用反馈
物理层	系统设计	1.系统设计师；2.构件库管理员	1.系统完善设计方案；2.人机交互和数据接口设计方案；3.确定构件；4.系统设计阶段复用反馈
开发层	系统集成	1.系统集成员；2.构件库管理员	1.构件复用适配方案；2.目标系统；3.集成阶段构件复用反馈
	系统测试	1.系统测试员；2.构件库管理员	1.测试方案；2.测试阶段构件复用反馈
终点	项目结束	1.项目承担者；2.构件库管理员	项目复用评估书

过程和活动

系统开发原始输入 ← 用户需求、项目计划、复用计划

系统需求分析：1.捕捉系统边界内专用领域词汇，转换为领域用例；2.需求捕获；3.确定系统参与者和用例；4.识别业务需求模块；5.确定业务模块；6.需求阶段构件组装；7.复用评估

系统分析：1.发现对象；2.初步描述对象；3.进一步审查和描述对象；4.定义对象类的属性；5.描述服务；6.根据构件组装结果修改类图；7.划分类图，完成FOM、SOM，完手工生成；8.确定联邦成员，确定BOM，或手工生成FOM、SOM；9.复用评估

系统设计：1.明确系统开发的条件；2.系统设计各阶段构件组装；3.根据可实现性，提高性能及构件组装结果，完善分析模型；4.人机交互设计；5.数据接口设计；6.控制接口设计；7.复用评估

系统集成：1.根据FOM、SOM，利用KD-FedWizard生成Fed文件；2.部署RTI；3.基于FOM、SOM，利用KD-FedWizard生成成员框架；4.确定可复用构件；5.完成无可复用资源项的部分开发；6.完成系统集成；7.复用评估

系统测试：1.制订系统测试计划；2.根据所确定的构件，复用构件所带的测试数据，实施系统测试；3.对没有可复用测试数据的单元生成测试数据并测试；4.复用评估

复用评估：对项目过程中复用活动从多个方面进行评估

空间作战仿真构件库 —— 提取构件 / 复用反馈

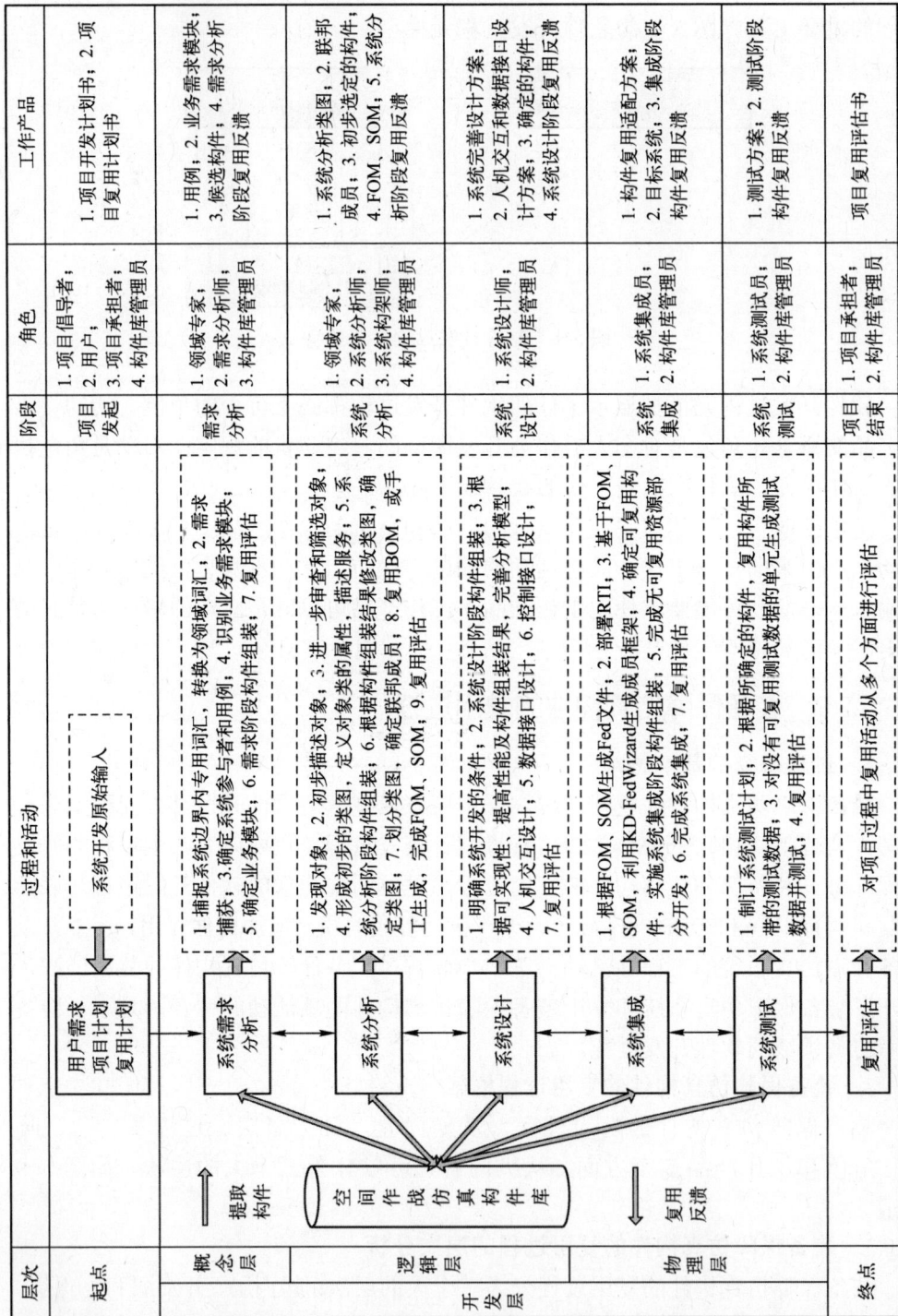

图5-9 装备保障仿真构件的复用过程

　　起点和终点层主要是在常规项目准备的基础之上，明确考虑复用的因素。在项目发起阶段，在项目倡导者、用户、项目承担者和构件库管理员的共同努力下，完成项目计划书和项目复用计划书。复用计划书所包括的内容一般有复用范围的认定、装备保障仿真复用资源储备情况的核实、复用组织结构的准备、复用激励机制、对复用效益的预测等。在终点层，即项目结束的时候，由项目承担者和构件管理员一起完成项目复用评估书。项目复用评估书，是对开发层各阶段复用评估的汇总和整理，其包括的内容一般有项目中实际复用过的装备保障仿真构件列表、可复用的装备保障仿真构件在系统开发中所占比例、项目复用目标满足程度的评定、推荐复用效果最好的装备保障仿真构件、建议需要演化的装备保障仿真构件、建议需要开发的构件和项目复用经验的总结等。编写项目复用计划书和项目复用评估书，是实现系统化、有序地复用活动的基础，也是装备保障仿真构件的复用过程与一般开发过程的重要区别。

　　开发层是真正意义上的系统开发过程和复用过程。装备保障仿真构件的复用过程在需求分析、系统分析、系统设计、系统集成和系统测试 5 个阶段都要独立地考虑复用的问题，同时前一个阶段是下一个阶段考虑复用问题的基础。常规复用方法对复用问题的切入点，一般是在系统集成阶段。但从成功的复用实践看，越早地考虑复用，收到的复用效益将越大，因此装备保障仿真构件的复用过程从项目的起始阶段即考虑复用的问题。另外，从抽象的角度看，开发层的复用活动可分为 3 个层次：概念级复用，其涵盖的阶段是系统的需求分析阶段；逻辑级复用，其涵盖的阶段是系统分析和系统设计阶段；物理级复用，其涵盖的阶段是系统集成和系统测试阶段。开发层的各子过程的展开顺序，不是一个静态的向下顺序，而是一个不断回溯和迭代的过程。

4. 通用框架对开发过程的支持

　　装备保障仿真系统通用框架，从联邦框架和联邦成员框架两个层面对应用系统进行整体规范，确定以 HLA/RTI 作为装备保障仿真系统的体系结构，确定以面向对象的思想封装 HLA/RTI 的各类接口和仿真线程，以 ALCM 作为装备保障仿真业务逻辑的载体，对用户界面控件层也给出了指导意见。在通用框架的支持下，开发过程的重点此时集中于用户需求分析、需求分析结果向逻辑设计和物理设计转换等工作上，系统开发的难度和复杂度大大减小，提供了考虑复用问题的时机。同时，通用框架规定了系统一级和子系统一级的结构，业务逻辑的载体直接应用 ALCM，HLA 对象类或交互类与业务逻辑实现彻底分离，为装备保障仿真业务构件的复用提供了切入的位置。

5. 面向对象方法和 FEEDP 对开发过程的支持

　　装备保障仿真构件的复用过程，是基于面向对象的方法，结合 FEEDP，加入复用后形成的。制定用例，寻找参与者，发现对象，用类符号表达属于类的对象，形成类图；确定对象的属性和服务，形成特征层；给出各个类彼此之间的关系，形成关系层，是典型的面向对象开发过程的内容。划分类图，复用 BOM，或手工生成 FOM，SOM 等，则是 FEEDP 过程的基本内容。

6. 装备保障仿真构件库和构件库管理员的作用

装备保障仿真构件的复用过程中，装备保障仿真构件库和构件库管理员的作用举足轻重，是开发过程与其他类型开发过程的又一个重要区别之处。

装备保障仿真构件的复用过程，装备保障仿真构件库是最核心的基础设施，参与整个开发过程，其在各个阶段提供可复用资源，管理构件的使用信息，与开发过程中的开发人员存在大量的互动操作。

构件库管理员是唯一全程参与整个开发过程的复用人员。构件库管理员在这个过程中，在两个方面发挥着重要作用：

（1）作为构件库管理员，其担负着管理构件库，协助开发人员完成搜索构件和提取构件的工作；

（2）参与各个阶段的开发工作，但主要起信息咨询、辅助决策等工作。

5.2.3 各个阶段的具体分析

1. 需求分析阶段

需求分析阶段，主要由领域专家、需求分析师、构件库管理员共同完成，主要任务有捕捉系统边界内专用词汇并转换为领域词汇、需求捕获、确定系统参与者和用例、识别业务需求模块、确定业务模块、需求阶段构件组装、复用评估 7 项活动。主要的工作产品有用例、业务需求模块、候选构件、需求分析阶段复用反馈报告等 4 种工作产品。

需求分析阶段应准确提炼用户的需求，同时根据用户的需求初步确定候选构件。需要注意的是，此阶段对所需要构件的特征是不明确的，对所需构件的要求只是一个模糊的影像，但此阶段成功的构件复用活动，对提高整个系统开发效率的意义最为明显，因此要对需求阶段的构件组装给予充分的重视，同时根据有限的复用线索，大胆预测，尽可能地选取合适的构件。

2. 系统分析阶段

系统分析阶段由领域专家、系统分析师、系统构架师、构件库管理员共同完成，主要任务有发现对象、初步描述对象、进一步审查和筛选对象；形成初步的类图，定义对象类的属性，描述服务；系统分析阶段构件组装；根据构件组装结果修改类图，确定类图；划分类图，确定联邦成员；通过复用 BOM 完成，或手工完成 FOM、SOM；复用评估。主要的工作产品有系统分析类图；联邦成员；初步选定的构件；FOM、SOM；系统分析阶段复用反馈报告。

系统分析阶段在需求分析阶段的基础上，初步确定系统的逻辑设计，形成系统的逻辑雏形。同时，系统分析阶段是面向对象的系统分析方法和 FEEDP 的结合点，方法之间的冲突比较严重。对于此阶段，一方面要协调好方法的应用，另一方面要做好系统分析阶段的构件组装活动。此阶段构件组装活动的重要特点，是构件组装活动结果影响系统分析所得产品——类图的形成。构件组装活动的依据是类图，但构件组装活动有了具体结果后，类图可能需要根据构件组装活动的结果进行修改，以能够复用已有的资源。

3. 系统设计阶段

系统设计阶段由系统设计师、构件库管理员共同完成，主要任务有明确系统开发的条件；系统设计阶段构件组装；根据可实现性，提高性能及构件组装结果，完善分析模型；人机交互设计；数据接口设计；控制接口设计；复用评估。主要的工作产品有系统的完善设计方案；人机交互、数据接口和控制接口设计方案；确定的可复用构件；系统设计阶段复用反馈报告等。

系统设计阶段的重要任务是确定系统设计的软、硬件条件。在这个阶段，构件组装活动将明确确定可复用的构件。同时，对有复用价值但没有可复用资源支撑的功能点，提出构件开发建议。

4. 系统集成阶段

系统集成阶段由系统集成员、构件库管理员共同完成，主要任务有根据 FOM、SOM 生成 Fed 文件；部署 RTI；基于 FOM、SOM，利用 KD-FedWizard 生成成员框架；提取可复用构件，实施系统集成阶段构件组装；完成无复用资源支撑部分的开发；完成系统集成；复用评估。主要工作产品有构件复用适配方案、目标系统、集成阶段构件复用反馈报告。

系统集成阶段的构件组装活动，主要任务由构件选取向构件适配转移。此阶段，可复用的构件已经在上个阶段完全明确，主要工作是对所选构件根据系统实际的功能环境和开发平台对构件进行适应性修改，使构件能够融入宿主系统。

5. 系统测试阶段

系统测试阶段由系统测试员、构件库管理员共同完成，主要任务有制订系统测试计划；根据所确定的构件，复用构件所带的测试数据；对没有可复用测试数据的单元生成测试数据并测试；复用评估。主要工作产品有测试方案、测试阶段构件复用反馈报告。

5.3　基于 ALCM 和 ALCML 的装备保障仿真构件组装

构件组装技术，是基于构件的软件开发方法的核心技术之一。装备保障仿真构件的复用过程，只确定了构件组装的时机和位置，对于组装的具体实施方法和过程没有进行研究，目的是使开发过程简单明了。下面对开发过程中基于 ALCM 和 ALCML 的装备保障仿真构件的组装活动进行研究。

5.3.1　构件组装

1．构件组装的定义

对于构件组装，目前还没有权威的、明确的定义。一般指在基于构件的软件开发中，在一定机制的支持下进行构件组装推导，通过适配方法和技术进行构件组装实施，把可复用构件集成到宿主系统的活动。

2．构件组装活动的判断标准

构件组装活动的判断标准，是构件与组装语境的上下文是否一致，即实际构件与需求构件是否匹配。一般不匹配的情况有如下几种：

（1）功能需求的不匹配。构件不能提供全部所需的服务或者服务的强度达不到要求。

（2）非功能性限制的不匹配。指构件的可靠性、安全性、有效性等方面不能满足系统开发的要求。

（3）体系结构不匹配。体系结构有许多种，如黑板、实时、基于事件等。体系结构的风格影响着构件互作用的方法，体系结构不同就意味着构件间的互作用方式不同。互作用方式不满足，构件就不能集成到宿主系统中去。

（4）构件与多个构件不匹配。几个构件之间相互冲突，即构件本身工作正常，和其他构件互作用也正确，但出现死锁、控制顺序异常等。

（5）构件接口签名等的不匹配。

5.3.2　构件组装的方法和技术

1．构件组装的方法

根据构件组装时对构件内部细节需要了解的程度，将构件组装技术分为黑盒组装方法、灰盒组装方法和白盒组装方法。

黑盒组装方法是理想化的方法。该方法不需要对构件的实现细节有任何了解，也不需要对其进行修改，使用方便，安全可靠。这显然要求软件体系结构、构件模型以及构件的描述、存贮、检索、组装等环节都实现了严格的标准化。从目前研究的成果看，黑盒组装方法实现难度大，离实用较远，但它是构件组装技术研究的基础。

白盒组装方法，要求将构件的所有实现细节都展示出来，让复用者理解后再进行组装，并可对构件按应用的需求进行修改。从构件复用的角度分析，白盒组装的存在只能是短暂和局部的，一个可以随意修改的构件并不是真正意义上的可复用产品，所以白盒组装方法对复用的意义不大。

灰盒组装方法介于"黑盒"与"白盒"之间，是当前组装技术发展的方向。灰盒方法主要通过调整构件的组装机制来实现构件匹配，在需要的情况下，少量修改构件来满足应用系统组装的需求。这样既实现了构件组装的灵活性，又不至于过于复杂。因而，近年来对构件组装技术的研究主要集中在灰盒方法。

2.　构件组装匹配技术

构件在与组装语境不匹配时，如果不是硬性的不匹配，可以通过一些组装技术，对构件做一些处理，协调构件与组装环境之间的关系，使不匹配变为匹配。一般有如下几种组装匹配技术。

（1）适配器（Adapter）。它将一个接口转换成用户希望的另外一个接口，使得原来由于接口不兼容而不能被组装的构件，在接口上与组装语境匹配，可以用于组装。

（2）组装过滤器。在构件间进行信息交换时，应用一组过滤器到程序各个不匹配的方面。过滤器是一个与基本程序无关的消息转换规约，是附加到某个类上的一个对象。过滤器决定了一个消息是否被接受，以及响应后采取的措施。一个对象可以设定多个过滤器。一个过滤器由 3 部分组成：条件、比较部分和替代部分。

（3）构件粘接（Component Glue）。粘接实际上是给构件附加功能，扩展构件的功能，使其功能与实际需要的构件的功能相符合。

5.3.3　装备保障仿真构件的组装

5.3.3.1　装备保障仿真构件组装活动的基础

ALCM 是装备保障仿真构件的基础，聚合级构件标记语言 ALCML 是装备保障仿真构件库的基础。装备保障仿真构件的组装活动，采用灰盒组装方式，分为组装推导和组装实施两个方面。组装推导，指根据系统开发的需要，在构件库中寻找与所需功能一致的构件，此项活动基于装备保障仿真构件进行，实质是根据 ALCML 语言特点进行。组装实施，指在基本确定所需要的构件后，依据 ALCM，对构件进行分析，确定所选构件和所需构件的匹配程度，应用适配技术对构件进行相应的修改和完善，使之能够集成到宿主系统中去。

5.3.3.2　装备保障仿真构件组装活动的范围

以前一般认为构件的组装只存在于系统集成阶段，但从当前的研究和实践看，在系统开发的早期，实施基于复用的分析和设计，更利于复用活动的展开。装备保障仿真构件的组装，从系统需求分析阶段开始，在装备保障仿真构件的复用过程的不同阶段实施，分为系统需求分析阶段的组装、系统分析阶段的组装、系统设计阶段的组装、系统集成阶段的组装和系统测试阶段的组装。可根据各个阶段组装的需要，形成各阶段组装推导和组装实施的策略和方法，用于指导各阶段的组装推导和组装实施活动，如图 5-10 所示。

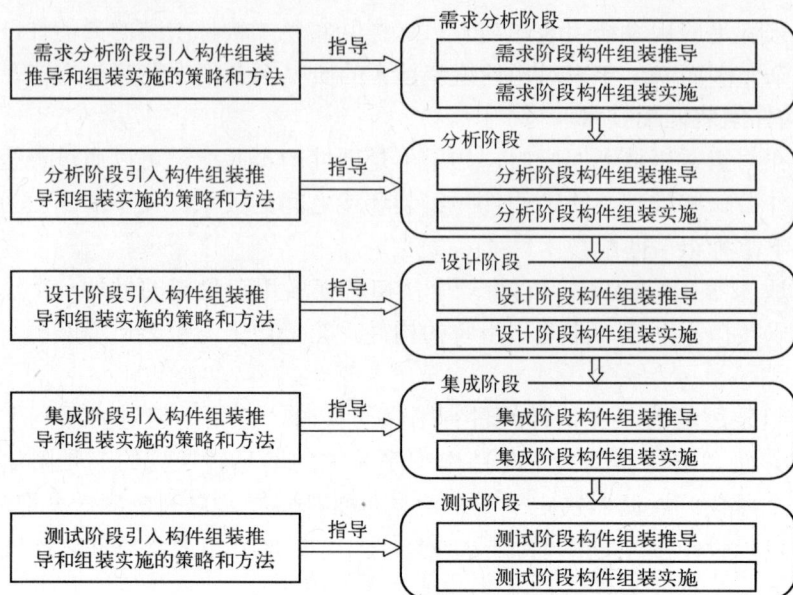

图 5-10　装备保障仿真构件组装活动的范围

5.3.3.3　装备保障仿真构件组装各阶段的性质

装备保障仿真构件各个阶段的组装活动，根据系统开发特点，呈现出不同的性质。区分这种不同之处，有利于正确认识装备保障仿真构件的组装活动，实施正确的组装。

现以装备保障仿真构件的复用过程为线索进行分析。需求分析阶段要求通过组装推导，解决需求构件和实际构件的功能匹配，是一种硬性匹配，如果需求构件和实际构件功能不匹配，不可能通过一般性技术手段解决匹配问题；分析阶段要求通过组装推导，解决需求构件和实际构件的接口匹配，是一种软匹配，在功能匹配的前提下，如果接口不匹配，可以通过适配器等技术获得匹配；设计阶段要求通过组装推导，解决需求构件和实际构件的平台匹配问题，是一种硬性匹配，不能通过通常的技术手段解决匹配问题，但通过选择良好的技术，如 COM 等跨平台的技术，可以在一定程度上解决部分平台的匹配问题；集成阶段要求通过组装推导，解决需求构件和实际构件的接口签名、参数类型等不同的匹配问题，是一种软匹配，可以通过一些技术手段解决匹配问题；测试阶段的特点比较复杂，但测试阶段的组装不是最关键的，可以根据实际情况具体分析和处理。

5.3.3.4　装备保障仿真构件组装各阶段的策略和方法

由于各阶段组装内容不相同，呈现出不同的组装性质，致使采用的构件组装策略和方法也将明显不同。

1. 系统需求分析阶段的组装

系统需求分析阶段构件组装的前提，是通过需求分析，业务逻辑模块已经确定。系统需求分析阶段是功能的硬性匹配，采取的策略是允许多个类似的备选构件同时进入候选行列。系统需求分析阶段是寻找合适构件的初步阶段，其组装推导主要是根据所需构件的功能，在装备保障仿真构件库中依据 ALCML 语言的概念字段，搜索类似的构件。组装实施，是进一步分析多个候选构件的服务字段，选择最为类似的 4 个或 5 个构件，作为最佳候选构件。

2. 系统分析阶段

系统分析阶段构件组装的前提，是初步的类图已经形成。系统分析阶段是接口匹配，是一种非硬性的匹配，可以通过相应的技术使构件匹配，所以此阶段的策略是寻找修改量最小的构件。组装推导是根据所形成的类图，在上一阶段所确定的候选构件的基础上，对各个构件的 ALCML 接口和原子构件字段进行比较，寻找类似度最大的构件。组装实施是形成被选择的候选构件的修改措施，同时估计修改的工作量。一般确定 2 个或 3 个最优构件。

3. 系统设计阶段

系统设计阶段构件组装的前提，是明确系统开发的软、硬条件。系统设计阶段的构件组装，是一种构件的软、硬件技术标准与系统开发能够提供的软、硬件技术标准的匹配，是一种硬性匹配。采取的策略是根据系统开发的条件，明确确定所选构件是否适合用于系统集成，在不能匹配的情况下及时做出从新开发相应软件单元的决定，或者向构件生产者提出构件开发建议。组装推导，是把系统设计所确定的条件，与候选构件的 ALCML 语境字段进行比较，确定是否适合组装，最终确定所选构件。组装实施是在适合组装的前提下，提出相应的构件配置方案。

4. 系统集成阶段

经过系统需求分析和设计阶段的构件组装，在系统集成阶段所面对的情况是，要么有可用于复用的构件，要么没有合适的构件。如果存在合适的可复用构件，此阶段的构件组装活动是一种非硬性的匹配，所采取的策略是根据前面几个阶段提出的组装方案进行相应的适配修改。集成阶段的构件组装，所面对的是实际的代码，对于构件能否应用于系统集成，前面的组装活动已经决定，构件组装人员所需要做的是迅速了解构件的编写规范，在短时间内透彻地理解构件，实施代码级组装活动。

5. 系统测试阶段

系统测试阶段的组装活动比较简单，就是在有可复用构件的情况，如果构件还带有测试数据，则按构件的测试方案，测试目标系统；如果没有则必须生成测试数据。

5.4　本章小结

本章从装备保障仿真系统通用框架、装备保障仿真构件的复用过程、基于

ALCM 和 ALCML 的装备保障仿真构件组装 3 个方面展开研究，取得了如下研究成果：

（1）总结了装备保障仿真系统的特点，在详细分析装备保障仿真系统通用框架的建设意义和要求的基础上，基于 HLA 和 ALCM 构建了装备保障仿真系统通用框架，从联邦框架和联邦成员框架两个层面规范了装备保障仿真系统的总体结构和构成成分，为装备保障仿真构件的复用活动提供了切入的时机和位置。

（2）应用喷泉模型和软件开发过程元模型，在面向对象的软件开发过程与联邦开发和执行过程 FEDEP 的基础上，增加构件复用活动，定义了装备保障仿真构件的复用过程，并详细分析了装备保障仿真构件的复用过程中各个阶段的活动内容和构件组装的时机和位置。

（3）在分析装备保障仿真构件的组装范围和各阶段组装性质的基础，基于 ALCM 和 ALCML，研究了装备保障仿真构件的复用过程中各阶段的构件组装策略，以及具体的构件组装推导和组装实施活动。

第6章 装备保障仿真构件技术的发展策略

基于装备保障仿真构件的仿真系统开发方法，对于装备保障仿真而言，是一种全新的开发方法。从目前的情况来看，在装备保障仿真领域，还没有成功实施的经验；即使从整个软件开发领域而言，也没有形成可多次复制的、成熟的基于构件的软件开发方法。但基于构件的软件开发方法的巨大前景，以及装备保障仿真领域迅速开发仿真系统的紧迫要求，重视基于装备保障仿真构件的仿真系统开发方法，深入地研究装备保障仿真构件技术，是当前装备保障仿真技术研究的重要任务之一。

鉴于基于构件的软件开发方法的不成熟，在装备保障仿真领域引入基于构件的软件开发方法，应慎重地对装备保障仿真构件技术的发展策略进行研究，形成稳定的关键技术发展策略，避免因决策失误而导致的重大损失。

6.1 关键技术发展策略的界定

装备保障仿真构件技术的发展策略，在两个方面作了探讨。

（1）装备保障仿真构件技术发展的基本原则，探讨装备保障仿真构件技术研究的行为准则。现在，有众多的个人和组织参与基于构件的软件开发方法研究，促进了这种方法的迅速发展，提出了许多新的技术、方法、规范和工具。但另一方面，这也从侧面反映了基于构件的软件开发方法的不成熟和不完善。在这种情况下，在装备保障仿真领域引入这种开发方法，在技术的选择、应用和第二次开发时，受到的干扰非常多。结合装备保障仿真的实际情况，对引入过程的行为进行规范，是成功的基本保证。

（2）装备保障仿真构件技术的发展方向和对策。基于装备保障仿真构件的仿真系统开发方法，涉及技术、方法、规范和工具等多个层面的研究，可以认为这种方法比当前其他任何的软件开发方法都要复杂。在研究关键技术之时，结合已有的一些成功经验，对其发展方向进行标定和提供基本的策略，是十分必要的。关键技术的发展方向和对策的研究可以从两个方面着手：从正面研究关键技术的发展方向和对策，从侧面研究关键技术的发展方向和对策。

从正面研究关键技术的发展方向和对策，一般指根据某项关键技术的发展历史情况，结合当前技术的发展趋势，对其发展方向做出预测，并作出相应的应对。对于这方面的研究，在下面各项关键技术的研究时都有所涉及，在此不作探讨。从侧面研究关键技术的发展方向和对策，主要是研究基于装备保障仿真构件的仿真系统开发方法的发展方向和对策，分析关键技术整体的发展方向和对策。

基于装备保障仿真构件的仿真系统开发方法，管理和技术是其两个核心问题。技术是基础，管理是保证，没有管理就没有基于装备保障仿真构件的仿真系统开发方法。某种意义上说，管理也是一种关键技术。下面将融合管理和技术两种考量，特别突出管理，比较深入地研究与方法紧密相关的复用制度化、组织结构、投资、复用模式和构件模型 5 个方面的问题和其发展对策。虽然这 5 个方面的分析，没有明确提及关键技术的发展方向和对策，但它们从抽象和宏观的角度概括和规范了关键技术努力发展的方向，是一种内在的、深层次的关键技术的发展方向和对策研究，对关键技术发展的指导意义是明显的。

6.2　关键技术发展的基本原则

1．以实用为先，提供稳妥的解决方案

基于构件的软件开发方法，是解决装备保障仿真系统规模化、协作化开发的希望，但需要认清其不成熟和不完善这个基本现实。装备保障仿真系统的开发研究，往往与重要的装备保障战略、战法和武器装备的研究，有着紧密的联系。一旦系统研发失败，必将带来严重的后果，有时损失不可估量。因此，研究基于装备保障仿真构件的仿真系统开发方法，不能盲目地急于求成，一步到位，必须以实用为先，采取小步引进，大胆实践的方式进行，寻找一个比较稳妥的解决方案。装备保障仿真的研究重点还是应该落在装备保障仿真建模上，研究先进的基于构件的软件开发方法不是其核心工作。在研究关键技术、定义和构建基于装备保障仿真构件的仿真系统开发方法的过程中，应避免选择和研究不成熟的技术，尽量选用经过实践证明的、可靠的、实用的技术和方法。构建基于装备保障仿真构件的仿真系统开发方法，成功与否的标准，不应追求在技术和管理上有多少创新，而是在于新的开发方法，是否真的对装备保障仿真系统开发提供了帮助，提高了开发装备保障仿真系统的效益。

2．以融合为主，用最小的代价实现目标

研究基于装备保障仿真构件的仿真系统开发方法，寻找合适的技术和管理方法，主要的手段，应是挖掘当前主流的基于构件的软件开发方法的技术和管理优点，摒弃缺点，经过融合，形成符合装备保障仿真领域要求的开发方法。从以往的经验看，一项新技术或新成果，其所用的技术和管理方法往往是成熟技术和管理方法占 70%，新技术和管理方法占 30%，突破这个比例的研究往往存在极大的风险。实质上，所有新技术或新成果的实现，融合都是重要的手段。在装备保障仿真构件技术的开发过程中，融合现有的成熟技术和管理方法，形成其关键技术，

以最小的代价实现基于装备保障仿真构件的仿真系统开发方法，应是一个基本的原则。

3．以分散为辅，稳定地进行发展

成功地实现基于装备保障仿真构件的仿真系统开发方法，是一项工作量相当大的工程。有两种实现这种方法的途径：一是整体推进，把装备保障仿真系统的开发工作完全转移到这种方法上进行；二是分散推进，从局部实现到整体实现。基于装备保障仿真构件的仿真系统开发方法的实现，应采用第二种方法，兼顾开发方法研究和装备保障仿真系统开发的需要。以分散作为一种基本的模式，逐步突破关键技术研究，利于减少风险，稳定地进行发展。如可以采用一种非正式的复用程序。从技术上，先研究可复用构件模型，再实现装备保障仿真构件库系统；实施上，先积累可复用构件，再研究基于构件管理构件。在获得一定的经验后，全面突破关键技术的研究，从全局的角度形成完整的方法。

6.3　关键技术的发展方向和对策

6.3.1　复用制度化

推行基于装备保障仿真构件的仿真系统开发方法，应实施制度化的构件复用，使复用活动成为组织开发活动的一部分，而不是与其他软件活动脱节。复用制度化，是基于装备保障仿真构件的仿真系统开发方法，在装备保障仿真系统开发组织内传播和推广的基础，是内在的、深层次的复用活动的前提。但复用制度化与任何其他机构变革一样，不会快速发生，需要在一定阶段内受到组织的特别关注。

6.3.1.1　复用制度化的障碍

1．文化障碍

对机构或其过程的任何改变都面临阻力，因为继续沿用当前正在使用的方式做事更容易一些。想要改变就要做出努力，如果没有合理的动机，项目负责人和开发人员会仍然关注完成任务中的当前工作。过程改变中的一些因素，会促使人们放弃改变，如前景不明朗、害怕未知的事情、害怕失败、安于现状等。

2．管理的障碍

项目负责人通常担有确保项目开发成功的压力和责任。这使项目负责人通常会抵制分散其预算和推后其项目进度的其他任何活动和改变。在这种情况下，项目负责人一般不会积极投入到查找同样适合其他项目开发、通用的解决方案中去，或者反对在自己项目中采用带来很大负担的通用方案。

3．技术障碍

一些开发者开发的构件，要做到在被另一些人开发的系统中使用时正好合适，从内容到对外接口都恰好相符，或者作很少的修改，难度很大；构件要达到一定的数量，才能支持有效的复用，而大量构件的获得需要有很高的投入和长期的积累；当构件达到较大的数量时，使用者要从中找到一个自己想要的构件，并断定其符合自己的需要，不是一件轻而易举的事；复用是一个较新的研究和实践领域，需要一些新的理论、技术及支持环境。目前，这些技术上的困难，是复用制度化在装备保障仿真领域中实现的最现实障碍。

4. 基础设施障碍

在装备保障仿真领域中，实施制度化的复用，另一个重要的障碍是没有合适的支持工具。基于装备保障仿真构件的开发方法的形成，离不开成熟工具的支持。这样的工具有构件开发支持工具、装备保障仿真构件库系统、构件复用辅助工具等。

6.3.1.2 复用制度化的对策

实现复用制度化，是在装备保障仿真领域中实现复用的关键节点。虽然对于项目负责人和开发人员来说，改变是一个痛苦的过程，但合理的改变对策对于事情的发展，往往能事半功倍。

1. 管理层支持

管理层对复用的支持，是制度化复用活动成功实现的关键因素，是成功的必要（不是充分）因素。因为，系统化的复用活动要求启动资金、组织形式再构造、新的过程及经过修改的业务实践，这些都离不开管理层的承诺。管理层还必须有耐心花时间等待新的开发方法的成熟，等待开发团队从认识和行为上发生的缓慢变化。

2. 展开培训

在装备保障仿真领域中，实现制度化复用，必须投入资源为开发团队提供培训，组织开发人员研究相关技术，学习工具的使用方法，熟悉构件复用这个新方法的生命周期。培训是在装备保障仿真领域内，实现复用制度化良性发展的重要环节。

3. 形成激励机制

必须给项目负责人提供一种激励机制，使其有将注意力仅仅集中于自己的系统开发的同时，转向组织复用制度化努力的动力。在评估项目负责人对其所负责项目的贡献的同时，应明确评估其对组织复用制度化形成的贡献。向生产可复用构件的开发人员和使用这些构件的开发人员提供奖励，促使开发人员对构件复用有浓厚的兴趣。

4. 大力发展相关工具

完善的、成熟的基于装备保障仿真构件的仿真系统开发方法，离不开工具的支持。重视工具的发展，大力发展相关工具，使开发人员从一些繁琐的重复性工作中解脱出来，集中精力于建模、构件的开发和系统集成，有利于增强开发人员对基于装备保障仿真构件的仿真系统开发方法的信心，推动其长期发展。

6.3.2　推动组织结构变革

组织结构一般指组织机构和人员的设置，以及机构和人员的角色与责任的划分。不同的组织结构，是构件复用与其他软件开发方法之间最明显的区别，也是区分各种基于构件的软件开发方法的重要依据。以项目为依托的基于构件的软件开发方法在项目的范围内把开发人员分为构件生产者、构件管理者和构件复用者；基于 COTS 构件的软件开发方法在市场的范围内把开发人员分为构件生产者、构件管理者和构件复用者；产品线工程在团队的范围内把开发人员分为构件生产者、构件管理者和构件复用者；理想的方法在领域的范围内把开发人员分为构件生产者、构件管理者和构件复用者。形成基于装备保障仿真构件的仿真系统开发方法，要突破传统装备保障仿真系统开发封闭式的组织结构，以角色和责任为标准把开发人员区分为构件生产者、构件管理者和构件复用者，并用某种组织方式进行融合；另外，组织结构的转变，要和组织对构件复用的准备情况紧密结合，选择合适的组织形式。

6.3.2.1　支持构件复用的组织形式

支持复用开发的组织结构的发展程度，标志构件复用的应用程度。支持复用开发的组织形式，从目前几种主要的构件复用模式看，主要有 4 种。

1.　独立的构件生产人员组织形式

独立的构件生产人员组织形式，提供单一的可复用构件生产单位。独立生产人员负责生产和维护机构的可复用资产。在一般情况下，机构都包括两个或更多的项目团队。独立的构件生产人员的组织形式如图 6-1 所示。

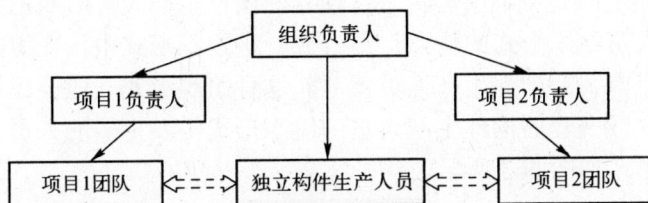

图 6-1　独立的构件生产人员组织形式

由于独立的构件生产人员负责向项目团队提供可复用资产，因此他们必须直接向组织负责人报告。独立的构件生产人员还要在技术层上与项目团队交互，并讨论其所生产构件的接口细节。

2.　嵌套的构件生产人员组织形式

嵌套的构件生产人员组织形式，试图弥补独立的构件生产人员的弱点。这种组织形式如图 6-2 所示。

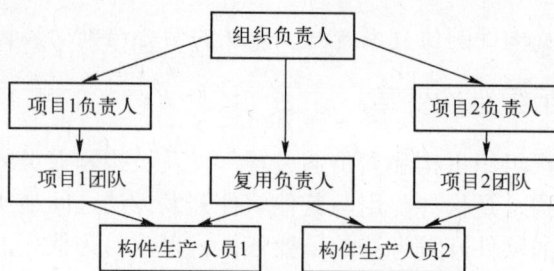

图 6-2　嵌套的构件生产人员组织形式

　　所有嵌套的构件生产人员都被认为是他们所在项目团队的成员，他们要向项目团队负责人报告，参加团队目标实现，并分担项目的责任，通过努力确保项目成功。但是，由于单个项目团队的目标与整个组织的目标并不相同，因此嵌套的构件生产人员不仅要向直接项目负责人报告，还要向复用负责人报告。复用负责人是被委以推动组织复用活动的责任人，要在不断引入新项目的情况下保证复用活动的连续性，持续关注组织的复用目标，并负责构件库的运营。复用负责人必须保证嵌套的构件生产人员能够平衡单一项目组的短期目标和组织的长期目标，使他们不能成为该特定项目的另一个开发人员。此外，由于复用负责人要负责机构的构件库，因此必须为构件库定义质量标准，以及实施这些标准的操作过程。嵌套的构件生产人员的表现由项目负责人评估，以反映他们对项目目标完成的贡献；同时也要由复用负责人来评估，以反映他们对组织复用目标的贡献。开发可复用资产的请求是由项目负责人向复用负责人提出的，复用负责人确定所请求的资产是否具有复用的潜力。如果矛盾，一般由组织负责人仲裁。

3. 蓄池式构件生产人员组织形式

　　蓄池式构件生产人员组织形式，将独立的构件生产人员组织形式的特点和嵌套的构件生产人员组织形式的特点，结合到一种组织形式中，在组织复用层次上建立与具体项目有关的构件生产人员蓄池。这种组织形式一般要比独立的构件生产人员组织形式或嵌套的构件生产人员的组织形式需要更多的人员。蓄池式构件生产人员组织形式如图 6-3 所示。

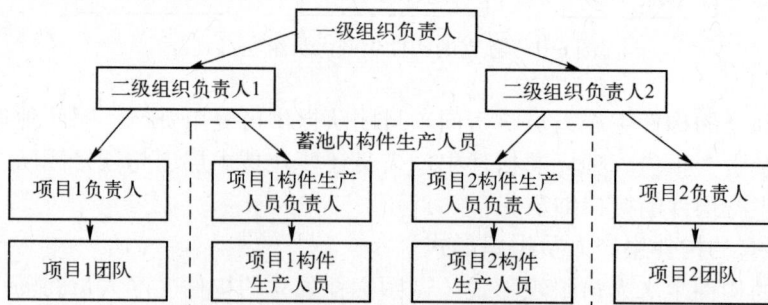

图 6-3　蓄池式构件生产人员组织形式

在蓄池式构件生产人员组织形式中，每个项目团队有一个专门的构件生产人员团队。同时，为了保证整个组织的一致性，构件生产人员团队汇聚其资源，形成一个负责复用策略的管理单位。这个单位负责执行组织的复用程序，具体地说就是维护组织的构件库。由于蓄池式构件生产人员组织形式的结构相当松散（构件生产人员团队都不具体对复用程序负责），因此这种组织形式不适合长期复用计划。同时出于同样原因，这种组织形式适合地理上分散的团队。蓄池式构件生产人员组织形式，对于两到三个团队可以很好运作，对于更多的团队，构件生产人员团队之间的沟通负担会变得太大。此外，由于复用支持人员的组织结构并不是紧凑的核，因此蓄池式构件生产人员组织形式不能应对大型复用构件库的长期维护和管理活动。

4. 团队式构件生产人员组织形式

在团队式构件生产人组织形式中，项目开发和可复用资产生产分别由独立的团队完成。团队式构件生产人员组织形式如图 6-4 所示。

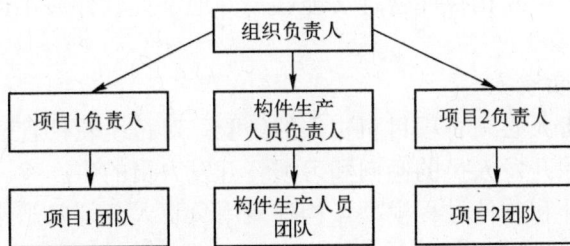

图 6-4　团队式构件生产人员组织形式

构件生产人员团队是构件复用活动的实施者关注组织的长期复用目标，实施组织复用策略，创建、更新和维护组织的可复用构件库。构件生产成员团队向构件生产人员负责人报告，而构件生产人员负责人直接向组织负责人报告，而不是向项目负责人报告。构件生产人员团队生产可复用资产有两种不同的动力：①如果经过领域分析，确定该资产在领域内有很大的复用潜力，则对该资产进行面向复用的开发和打包，形成可复用构件；②来自项目团队的请求，如果被请求的资产对组织具有普遍意义，而不只是对项目团队应用面很窄的眼前目标有意义，则进入要被开发构件的目录。在团队式构件生产人员组织形式中，不要求项目团队为组织的可复用构件库做出贡献，但是要求项目团队充分利用可复用构件库。实际上，一旦组织的复用程序走上正轨，就可以把每个项目团队和构件生产人员团队看作是独立的自我维持的单位。构件生产人员团队通过向项目团队提供收费服务自我维持，并激励其生产高质量的可复用构件，使项目团队尽可能依赖其提供的服务。项目团队基于构件开发应用系统，可以低的成本和高的效率生产软件产品，向市场推广，实现自我维持，因此对于充分利用构件生产人员团队提供的资产有足够大的兴趣。

6.3.2.2　支持构件复用的人员设置

根据所讨论的组织形式，涉及一些传统软件开发中明显没有设置的岗位。以下讨论几种主要的人员设置和所需要的技能。

1. 构件库管理员

构件库管理员的职责与数据库管理员的职责很相似：维护构件库，为用户访问构件库提供帮助和支持。作为服务提供者，构件库管理员必须保证构件库服务是有用的、可使用的和有效的。但构件库管理员和数据库管理员相比而言，在职责上还有较多的不同：

（1）数据库项一般采用有含义的键标识，而构件库与数据库项不同，它的资产不一定有这种键。构件库内构件的检索效率的高低，严重影响构件复用的有用性和效率。找出合适的构件库构件的表达方式，以及建立合适的基于这种表达方式的索引机制，需要在系统开发和应用方面有丰富的经验。

（2）作为组织构件库的管理员，构件库管理员必须控制构件库所有的入库、出库和修改活动，要求构件库管理员能够很好地掌握软件质量评价和软件可复用性评价指标。

2. 构件复用负责人

构件复用负责人必须有项目负责人的经验，对传统软件管理中出现的问题有很好地理解，例如开发人员的倾向和习惯、开发人员的生产率、软件项目计划、软件项目成本估计和软件过程模型。构件复用负责人必须熟悉构件复用活动的以下各个方面：

（1）构件复用活动的组织。根据特定开发环境的特点，选择合适的构件复用活动的组织形式，并对所选用组织形式的有效性进行评估。

（2）构件复用的经济度量。评估所有和构件复用有关的产品与过程的成本及收益。

（3）构件复用指标。形成可复用构件的质量度量体系、评估复用过程的成熟度、定义复用目标和监督目标的进展。

（4）构件复用的产品。分析和挖掘可复用的资产，定义可复用资产的表达形式，规范化表示可复用资产，评估可复用资产对组织的价值。

（5）构件复用的应用工程框架。设计基于构件的应用系统框架，定义基于构件开发应用系统的过程模型。

3. 构件工程师

构件工程师是一个比较笼统的提法，可以认为是对从事构件生产活动群体的统称，在实际的情况下，可以对构件工程师这一职位进行更加详细的划分。构件工程师的工作主要分为两个方面：一是通过领域工程方法分析应用领域，或总结过去该领域内的应用系统开发经验，确定值得复用的可复用资产；二是在确定需要生产的可复用资产后，根据领域逻辑和构件开发的规范，生产可复用构件。构件工程师需要具有以下几个方面的能力：

（1）对特定领域的知识有透彻的了解，具备对领域进行分析的条件。

（2）掌握一种或几种领域工程方法，能够通过实施领域工程，提取领域的特征，形成领域分析和设计模型，开发可复用构件。

（3）掌握构件模型、构件描述等相关标准和开发工具的应用。

4．应用工程师

应用工程师同构件工程师一样，也是一种比较笼统的提法，是对构件复用者的一种统称，在实际的情况下这一职位可再次细分。应用工程师的职责是通过使用构件库，选取合适的构件，运用集成手段开发应用系统，完成目标系统的生成。应用工程师可由传统软件开发的分析人员和设计人员经过学习转变而成。目前有2 类软件开发形式：自顶向下的软件开发形式和自底向上的软件开发形式。在自顶向下的软件开发方法中，应用工程师将要实现的规格说明分解为子规格说明，然后再继续逐步求精的过程，将要实现的子规格说明分解为更明确的成分；在自底向上的软件开发方法中，应用工程师根据一个总的目标，从一个个较小的成分出发，逐步汇聚，形成一个整体的解决方案。在基于构件的复用开发中，采用两者综合的模式更加适合。应用系统整体框架的形成，采用自顶向下的方法，形成一个较大的规格说明模块；较大的规格说明模块的具体分析，采用自底向上的较为合适。应用工程师一般应同时使用这两种软件开发形式，根据应用系统开发的需求和已知可用构件的规格说明，经过分析、吸收和改变，经过匹配和修改等措施形成应用系统的解决方案。应用工程师一般要掌握的技能有：

（1）熟练地使用构件库，运用各种技巧，搜索所需要的构件。

（2）掌握自顶向下和自底向上的软件开发形式。

（3）掌握构件复用的方法。

（4）掌握构件组装的方法。

6.3.2.3　构件复用组织结构的发展对策

基于装备保障仿真构件的仿真系统开发方法，其组织结构的特点，标志其发展程度。从前面所总结的 4 种组织结构形式看，是一种从低级阶段到高级阶段的顺序，其对构件复用人员的技能要求不断提高，组织对构件复用活动的控制能力也不断增强，构件复用活动脱离对项目的依赖越来越明显。基于装备保障仿真构件的仿真系统开发方法，到底采用哪种组织结构形式，必须根据领域或组织对构件复用的准备情况而定。

1．培养构件复用所特需的人员

装备保障仿真领域的应用系统开发，长期采用的开发方法是结构化方法和面向对象的方法，缺少实施构件复用所需要的专业人员，如构件库管理员、构件工程师和应用工程师等。成功启动基于装备保障仿真构件的仿真系统开发方法，要有意识地培养构件复用所特需的人员，储备一批掌握相关技能的人才。具体的方法，可以组织人员对相关职位的技能进行研究，通过自我学习达到目的，也可以通过派人到对构件复用的研究和应用取得一定实践经验的相关组织实习来获得。

2. 根据组织人力和工具的准备情况决定组织结构

基于装备保障仿真构件的仿真系统开发，不推荐初始阶段直接采用"团队式构件生产人员组织形式"，也不要求必须从"独立的构件生产人员组织形式出发"，必须根据组织人力和工具的准备情况决定组织的结构形式。团队式构件生产人员的组织结构，对于基于装备保障仿真构件的仿真系统开发方法来说，是其组织结构发展的目标，标志着方法进行到较为成熟的阶段，能够进行大规模的、程序化的复用活动。但这种组织结构对人员技能和工具的要求也是较高的，必须拥有具有丰富经验的构件复用人员、成熟的支持构件复用整个生命周期的工具链。盲目地进入这种组织结构，不仅不能达到预期的复用目标，还有可能使组织的整个运转体系陷入混乱。但也不是说，基于装备保障仿真构件的仿真系统开发方法的组织结构，必须从独立的构件生产人员组织形式出发。如果组织结构对构件复用的组织活动有一定的认识和实践经验，有相关的人力储备，可以从"嵌套的构件生产人员组织形式"或者"蓄池式构件生产人员组织形式"出发启动基于装备保障仿真构件的仿真系统开发方法，加强组织对复用活动的控制能力。在获得一定经验后，使组织结构向更高级别的形式转变。

3. 防止组织结构发生剧烈变化

传统装备保障仿真系统的开发方法，和基于装备保障仿真构件的仿真系统开发方法，在组织结构的形式上存在重大的不同。由传统的方法向新方法转变时，应保持组织结构的平滑过渡，防止组织结构的剧烈变化。一个可行的方法，是在组织的局部展开新方法的试点，对组织的局部结构进行调整，在取得经验后再在整个组织推广。

4. 努力发展新型组织结构形式

上述 4 种组织结构形式，是对当前构件复用几种主要组织结构形式的总结，比较全面地归纳了它们的主要特点。但构件复用还处于发展期，组织结构也可能出现更为合适的形式。基于装备保障仿真构件的仿真系统开发方法，除了积极采用前人的研究成果外，应根据自身的特点和发展趋势，发展和采用符合自身特点的组织结构形式，努力发展新型组织结构形式，达到人员、方法和工具等的最佳组合效果。

6.3.3 对复用活动进行投资

构件复用是业界公认能够实现快速开发软件的有效方法，能够带来巨大的经济效益，但实现构件复用则必须对其进行投资。构件复用的实现不是偶然的，要开发可复用的构件，建立构件库，研究并实现过程、方法和工具的集成。依据以往的经验，开发一个产品级的较大构件大约需要 2~3 个月的时间，能够支撑一个领域实现复用大约需要 100~150 个构件。形成基于装备保障仿真构件的仿真系统开发方法，对其进行大胆投资，是一个基本的条件。但对复用活动进行投资，必须清楚地分析复用活动所引起的成本，只有在构件复用的成本比传统的软件开发方法有明显的效益优势时，对构件复用进行大规模投资才有可能，基于装备保障仿真构件的仿真系统开发方法也才真正可能运转起来。

6.3.3.1　对复用活动投资的估计

对复用投资进行估计，是对构件复用进行投资前的必要工作。构件复用投资估计，指按照一定的原则，建立起构件复用投资的估计模型，通过定量的手段，对构件复用的成本进行估计。目的有两个：一是和传统软件开发方法比较，经过成本优劣的对比，确立起构件复用的主导地位；二是在构件复用的各个变种中寻找最佳的模式。

1. 构件复用与传统软件开发方法的成本比较

构件复用与传统软件开发方法的成本比较，主要用于说明构件复用在成本方面的优势，推动软件开发方法从传统方法向构件复用转变。但构件复用与传统软件开发方法的成本比较，存在较大的难度。构件复用与传统软件开发方法的生命周期存在较大的差异，没有明显存在的比较基线。

表 6-1 所示的，是构件复用与传统软件开发方法的子阶段划分和成本的粗略分析情况。另外，构件复用成本的估计是一个长期的过程，一个项目的完成，甚至多个项目完成后，都无法对其成本进行精确的估计，因为构件复用的成本估计必须从整个领域的角度进行。

表 6-1　构件复用和传统软件开发各阶段成本比较

编号	构件复用	传统软件开发方法	成本比较
1	领域分析	无	构件复用有，传统方法无
2	领域设计	无	构件复用有，传统方法无
3	领域实现	无	构件复用有，传统方法无
4	构件构架产品分类与描述	无	构件复用有，传统方法无
5	构件验证	无	构件复用有，传统方法无
6	构件入库管理	无	构件复用有，传统方法无
7	项目需求分析	项目需求分析	两者类似
8	系统分析发现复用机会，初步确定复用件	系统分析	两者相比，构件复用在初期其成本高，后期传统方法相对高
9	系统设计确定复用件	系统设计	两者相比，构件复用在初期其成本高，后期传统方法相对高
10	系统实现复用件集成	系统实现	两者相比，构件复用在初期其成本高，后期传统方法相对高
11	系统测试复用测试件	系统测试	两者相比，构件复用在初期其成本高，后期传统方法相对高
12	系统维护复用维护经验	系统维护	两者相比，构件复用在初期其成本高，后期传统方法相对高

2. 不同构件复用方法的成本比较

构件复用在某领域内全面启动后，构件复用成本估计的重点就转向了不同构件复用方法的成本估计和效益对比上，用于寻找适合本组织的、最优的构件复用方法。同种构件复用开发方法，具备类似的生命周期，存在实施比较的基线。主要的任务，是建立起构件复用的估计模型，形成完备的估计原则、过程和方法等，对其成本进行客观的估计。

6.3.3.2 对复用活动的投资对策

基于装备保障仿真构件的仿真系统开发方法的形成，离不开大量的投资，投资的对策问题是一个必须慎重考虑的问题，应该认识到以下几点：

1. 不把构件复用和传统软件开发方法的成本简单对比

构件复用和传统的软件开发方法的生命周期有较多的不同，构件复用比传统的软件开发方法多 6 个子过程，基本类似的有 6 个子过程，它们之间不存在一个明晰的比较基线，所以传统的软件开发方法的成本估计方法，不能直接用于构件复用的投资估计，不能把构件复用和传统软件开发方法的成本简单对比。

2. 深刻认识构件复用投资效果体现的长期性

构件复用的优势是明显的，但构件复用投资效果的体现是一个长期的过程。因为从初期阶段看，构件复用投资的力度要明显大于传统的软件开发方法，经过一段时间的发展后，构件复用因为在多个项目中应用，在领域内实现了资源共享，成本才逐渐降低，复用优势才体现出来。可以认为，对于一个具有稳定工作量和投资成本的项目，在类似的开发环境下，传统软件开发方法的成本基本是稳定的，对构件复用则不然。如果是构件复用在某领域内展开的初期，则开发这个项目的成本应该大于传统的软件开发方法；如果是构件复用在某领域内展开的中后期，则开发这个项目的成本应该小于传统的软件开发方法。在某个领域内，实施构件复用开发项目，项目开发成本是先高后低；从整个领域看，其项目平均投资成本小于传统软件开发方法，但实际项目的成本有可能高于传统软件开发方法的投资。构件复用的投资效果估计，必须从整个领域，在多个项目成功实践的情况下进行评估，这是构件复用投资估计的一个基本原则，也是构件复用投资决策过程中的难点所在。

3. 采取措施分散初期投资的巨大风险

构件复用的投资，初期是巨大的，之后才随着多个项目的支撑，成本逐渐降低，至成本远低于传统软件开发方法。从总的角度看，构件复用成本的优势是明显的，但在投资初期，因为巨大的投资，项目组或组织可能因巨大的投资和遥不可见的成本优势，怀疑构件复用的优势，导致构件复用不能启动。构件复用的初期，投资巨大是一个客观的现实，应该采取合理的措施分散风险。例如，一个较可行的方法，是对领域按一定的原则进行划分，形成一个个较为独立，有较少交叉的子领域。协调领域内的力量，根据各个组织或单位的特点，在一个统一的构件模型和构件库的基础上，分别在一个个子领域上开展构件复用活动，积累领域可复用资产，直到在领域的范围内形成完整的可复用资产。装备保障仿真领域的开发力量比较分散，给分散风险也提供了一个意外的优势。

4. 对有复用价值的领域进行投资

必须说明的一点是，并非所有领域都值得开发可复用构件，通过集成的方式开发应用系统。只有具有复用价值的领域才应该实施构件复用这种开发方法。在对某个领域投资前，必须清楚地认识领域的可复用价值。判断一个领域是否具有复用价值，可以从下面 3 个方面分析：一是领域是否具有研究的价值，有众多需要开发的应用系统；二是领域是否具有一定的稳定性和内聚性；三是领域是否处于不断发展之中，领域内应用系统需要不断进化。如果一个领域有复用的价值，对其进行复用投资是必要的，因为构件复用有成本优势；如果一个领域没有复用的价值，就不应该引入构件复用，而是采取传统的软件开发方法。装备保障仿真领域较为大和复杂，对其进行领域划分，形成多个子领域应该是必然。在实施复用活动之前，区分有复用价值的子领域和没有复用价值的子领域，对有价值的子领域进行重点分析，对复用价值小的领域不分析或少分析，有利于最大限度地发挥有限投资的作用。

6.3.4　从非正式复用向正式复用逐步过渡

正式的构件复用过程是设计构件，把构件放入构件库进行管理，在系统开发时实施复用。为了节省时间和资金，一些组织或单位选择了一种不太正式的实施复用的方法，如建立了可复用目录而不是可复用构件库，复用目录包含每一个可复用构件的高层描述和指明该构件所在位置的指针。同时，团队成员密切协作，在不影响项目工期的情况下，在项目的范围内开发可复用构件。这种方式一般在开发环境较小的情况容易实现，同时也能带来可观的复用效益。

6.3.4.1　正式复用的风险

之所以在采用构件复用的方法开发软件之初，以非正式的方式进行，是因为正式的复用有着巨大的风险。

1. 较大的投资风险

直接进入正式的复用，将带来较大的投资风险。软件项目的开发，都要考虑资金投入的问题。只有资金投入合理，项目产生的回报率较高，项目计划的实施才有可能。如果没有一定的积累，直接进入正式的复用，由于构件复用的软件开发周期比传统软件开发方法复杂，其成本优势在开发的初期阶段不能明显体现。另外，还要进行构件复用相关技术、方法和工具的研究，这些技术储备的不完善，可能使复用活动难以为继，初期的投资更是无法收回。因此，直接采用正式的复用活动，将使组织在初期遭遇较大的投资风险。

2. 组织结构急剧变化带来的风险

直接进入正式的复用，可能导致组织结构高度的不稳定。传统软件开发方法的组织结构，是需求分析人员、系统分析人员、系统设计人员、编程人员和测试人员，按照一条明晰的线索组织起来的，是一种串联结构；构件复用的结构，可以看作是由构件生产人员、构件管理人员和构件复用人员组成，是一种并联结构。从传统结构向构件复用的组织结构的急剧转变，项目负责人和项目人员在责任和角色的认识与转变上，存在困难，要求项目负责人和项目开发人员在完成项目的同时，在组织和技术上进行新的探索，这些困难可能使他们对复用活动的成功实施产生怀疑，在两种组织结构上摇摆不定。

3. 推迟项目的风险

直接进入正式复用，最直接的风险是项目的推迟。因为构件复用要生产可复用的构件，可复用构件的生产成本明显大于没有复用要求的同类软件资产。据统计所得的结果，可复用构件比一般软件资产的成本高 65%～75%。同时，构件的成本还受可复用构件复用范围的影响。随着对可复用构件所要求的复用范围扩大，可复用构件的生产成本急剧上升，有时可达一般软件资产的 2～2.5 倍。成本的增加，从侧面反映了项目工作量的增大，在同等的要求下完成项目所需要的时间必然增加，推迟项目则是直接的后果。

4. 技术不成熟的风险

直接进入正式复用，最大的困难是技术上的困难，将遭遇技术不成熟的风险。构件复用经过多年的探索和研究，已经有了许多成功的经验，有了多种基于构件的软件开发方法。但从总的角度看，构件复用的研究还没有达到完全成熟的地步，还没有形成标准的、有一定认可范围的标准开发过程。直接进入正式的复用，可能由于某些关键节点的技术、方法和工具的不成熟，使构件复用的工作流程陷入困境。

6.3.4.2 实施渐进式改变的对策

装备保障仿真的各个领域一般比较狭小，从业人员不是很多，资金比较紧张，在开发初期采用非正式的复用，积累经验和可复用资产，逐步向正式复用过渡，这样可以利用复用带来的好处，同时规避突然进入正式复用带来的巨大风险，为正式复用打好基础。为了实施渐进式改变，可以采用以下方法。

1. 建立渐进式复用的转型计划

建立渐进式复用的转型计划，是大多数组织或单位在实施构件复用之初所采用的基本方法。如 Hooper and Chester 所提倡的方法，就是在组织内通过 7 个主要阶段实现构件复用的：评估当前软件工程的缺点、寻找可复用领域、建设可复用资源、建立构件库、确定试点项目、评估复用活动、复用活动推广。建立渐进式构件复用的转型计划的主要目的，是为复用活动的引入过程制定行动表，督促构件复用有条不紊地按计划引入和展开。

2. 渐进改变构件复用的组织结构

对于构件复用组织结构的渐进改变的一种典型方法，是在传统的软件开发组织结构中，加入构件生产的小组，如采用独立的构件生产者组织形式或者嵌套的构件生产者组织形式，首先实现初级的构件复用；在取得一定的经验，开发人员对构件复用的感性认识增强后，组织结构逐步过渡到蓄池式构件生产人员的组织形式；最后，达到团队式的构件生产人员的组织，实现真正意义上的构件复用。

3. 发挥非正式构件复用的示范效应

非正式的构件复用容易获得成功，较容易获得复用所带来的效益。其另一个作用，是向没有采用或准备采用复用方式的开发人员示范构件复用的优势。通过示范效应，在复用项目的局部取得成功之后，扩大复用的覆盖面，把复用逐渐扩大到整个项目，并渗透到管理机构，进而推动整个组织的演变。

6.3.5 发展新型构件模型

当前研究构件复用，构件模型的研究思路基本上是基于小粒度构件模型展开的，指通过小粒度的构件合成大粒度的复合构件，不断迭代，进而组装成软件系统；单个小粒度构件不体现领域的共性和差异性，只有通过某领域中不同系统的同类构件来观察领域的共性和差异性，在复用的过程中通过选择不同的构件来绑定领域的共性和差异性。现在对于构件模型的研究有一种基于非小粒度构件模型的思路，基本做法是在构件的生产过程中，分析领域的共性和差异性，同时采取具有一定弹性的方法绑定领域的共性和差异性于构件，在复用的过程中通过构件的二次绑定来固定领域的共性和差异性。比较而言，小粒度构件灵活性大，但对复用过程中的组装推导要求极高，技术难度大。基于小粒度构件研究软件复用是当前研究的热点，但在装备保障仿真领域立即引入是不合适的。装备保障仿真，其重点是仿真模型的开发，在基于小粒度构件复用的研究不成熟的情况下，不应盲目跟风，要避开软件开发技术研究的难点。但为了实现基于装备保障仿真构件的仿真系统开发方法，构件模型的研究是一道绕不过去的坎，发展新型的、简单实用的构件模型是方法形成的必要工作。

6.4 本章小结

本章从两个方面对装备保障仿真构件技术的发展策略展开分析和研究，取得了如下研究成果：

（1）提出了装备保障仿真构件技术发展的基本原则，指出其发展应遵循实用、融合和分散三条基本原则。

（2）从复用制度化、推动组织结构变革、大胆投资、采用保险的复用模式和发展新型构件模型五个方面，研究了基于装备保障仿真构件的仿真系统开发方法的发展方向和对策，进而分析了关键技术整体的发展方向和对策。虽然这五个方面的分析，没有明确提及关键技术的发展方向和对策，但它们从抽象和宏观的角度概括和规范了关键技术努力的方向，是一种内在的、深层次的关键技术的发展方向和对策研究，对关键技术发展的指导意义是明显的。

参 考 文 献

[1] 刘磊. 面向武器装备体系发展的体系演化建模与探索分析方法研究[D]. 长沙: 国防科学技术大学, 2010.

[2] 岳增坤, 陈炜. 基于 xUMl 的 C⁴ISR 系统可执行对象模型设计[J]. 系统仿真学报, 2009, 21(8): 2190-2194.

[3] 骆翔宇, 苏开乐, 顾明. 一种求解认知难题的模型检查方法[J]. 计算机学报, 2010, 33(3): 406-414.

[4] 杨斌, 齐玉东, 孟凡磊, 等. 本体在概念建模中的应用研究[J]. 北京: 计算机技术与发展, 2011, 5(21): 246-249.

[5] 唐见兵. 作战仿真系统可信性研究[D]. 长沙: 国防科学技术大学, 2009.

[6] 翟怀宇. 基于系统六元抽象的作战系统仿真建模方法研究[D]. 石家庄: 军械工程学院, 2011.

[7] 刘占伟. 基于系统六元抽象的作战仿真想定描述方法研究[D]. 石家庄: 军械工程学院, 2012.

[8] 吴金平, 陆铭华, 孙珠峰. 水面舰艇编队反潜作战任务空间概念模型研究[J]. 系统仿真学报, 2011, 23(1): 33-37.

[9] 刘彬. 装备保障仿真概念模型理论与方法研究[D]. 石家庄: 军械工程学院, 2011.

[10] 周彦, 戴剑伟. HLA 仿真程序设计[M]. 北京: 电子工业出版社, 2002.

[11] 肖田元, 张燕, 陈加栋, 等. 系统仿真导论[M]. 北京: 清华大学出版社, 2000.

[12] 黄柯棣, 邱晓刚, 段红. 略论军用仿真技术面临的需求与发展方向[J]. 系统仿真学报, 2001, 13(1): 7-9.

[13] 吴重光. 仿真技术[M]. 北京: 化学工业出版社, 2000.

[14] 胡晓峰. 战争模拟引论[M]. 北京: 国防大学出版社, 2004.

[15] George F Stone, IIIGeorge A MacIntyre. The Jiont Warfare Sytem(JWARS): A Modeling and Analysis Tool For The Defense Department[C]. //Simulation Conference, 2001.

[16] 陈凌云. 装备保障实验室的总体设计方法体系研究[D]. 北京: 装备指挥技术学院, 2005.

[17] 廖学军. 虚拟战场环境应用理论与技术研究[D]. 北京: 装备指挥技术学院, 2004.

[18] 吴志刚. 分布式装备保障仿真管理系统设计[D]. 长沙: 国防科技大学, 2004.

[19] 胡晓峰. 作战模拟术语导读[M]. 北京: 国防大学出版社, 2004.

[20] 张野鹏. 作战模拟基础[M]. 北京: 高等教育出版社, 2004.

[21] 傅凝, 李元. 作战模型理论与方法[M]. 北京: 国防大学出版社, 2004.

[22] 徐拥军. 基于构件的软件开发方法及其支撑平台[J]. 软件工程与标准化, 2005, 3: 37-42.

[23] 潘悦, 沈备军. 基于构件的敏捷软件开发方法[J]. 计算机工程, 2005, 31(15): 68-75.

[24] 安俊秀. 基于构件的软件开发研究及应用[J]. 华北工学院学报, 2005, 26(2): 144-148.

[25] 杨芙清, 梅宏, 李克勤, 等. 支持构件复用的青鸟III型系统概述[J]. 计算机科学, 1999, 26(5): 50-55.

[26] 柯文. CAPP 领域构件复用技术研究[D]. 南京: 南京航空航天大学, 2004.

[27] 孟亮, 余雪丽, 孟昭光. 基于构件的软件重用技术[J]. 太原理工大学学报, 2001, 32(5): 496-498.

[28] 李孝明, 曹万华. 舰载作战指挥系统软件构件库技术研究（一、二、三、四）[J]. 舰船电子工程, 2005, 25(1): 41-44;25(2): 33-36;25(3): 34-38.

[29] 夏征农主编. 辞海[M]. 上海: 上海辞书出版社, 1999.

[30] Mcllroy D. Mass-produced Software Components[J]. Software Engineering Concept and Techniques. 1968 NATO Conference of Software Engineering. New York: Petrocelli /Charter, 1969.

[31] Rumbaugh J, Blaha M, Premerlani W, et al. Object-Oriented Modeling and Design[M]. Englewood Cliffs: Prentice-Hall, 1991.

[32] Booch G. Object-Oriented Analysis and Design With Application[M]. California: Benjamin/Cummings Publishing Company , 1994.

[33] Booch G, Rumbaugh J, Jacobso I. The Unified Modeling Language User Guide[M]. New York: Addison-Wesley Publishing Company, 1999.

[34] Carma Mcclure. 软件复用技术: 在系统开发过程中考虑复用[M]. 廖泰安, 宋志远, 译. 北京: 机械工业出版社, 2003.

[35] Torchiano M, Morisio M. Overlooked Facts on COTS-based Development[J]. IEEE Software, 2004, 21(2): 88-93.

[36] Hafedh Mili, 等. 基于重用的软件工程: 技术、组织和控制[M]. 韩柯, 等译. 北京: 电子工业出版社, 2004.

[37] Lisa Brownsword, Paul Clements. A Case Study in Successful Product Line Development[R]. CMU/SEI-96-TR-016, 1996.

[38] 赵俊峰. 软件构件标准概述[J]. 信息技术与标准化, 2006, 6: 10-13.

[39] 杨芙清, 梅宏, 李克勤. 软件复用与软件构件技术[J]. 电子学报, 1999, 27(2): 68-75.

[40] 邵维忠, 杨芙清. 面向对象的系统分析[M]. 北京: 清华大学出版社, 1998.

[41] 邵维忠, 杨芙清. 面向对象的系统设计[M]. 北京: 清华大学出版社, 2003.

[42] Erich Gamma, Richard Helm, Ralph Johnson. Design Patterns: Elements of Reusable Object-Oriented Software[M]. New Jersey: Addison-Wesley, 2002.

[43] Fowler Martin. Refactoring: improving the design of existing code[M]. New Jersey: Addison-Wesley, 1999.

[44] Glynn Winskel. 程序设计语言的形式语义[M]. 宋国新, 邵志清, 等译. 北京: 机械工业出版社, 中信出版社, 2004.

[45] 郑人杰, 殷人昆, 陶永雷. 实用软件工程[M]. 2版. 北京: 清华大学出版社, 1997.

[46] 冯冲, 江贺, 冯静芳. 软件体系结构理论与实践[M]. 北京: 人民邮电出版社, 2004.

[47] 林正奎, 杨德礼. 领域分析方法研究综述[J]. 计算机工程与设计, 2006, 27(4): 593-596.

[48] 王文杰, 叶世伟. 人工智能原理与应用[M]. 北京: 人民邮电出版社, 2004.

[49] 郑娟. 构件化装备保障模拟系统开发关键技术研究[D]. 北京: 装备指挥技术学院, 2006.

[50] 姚德民, 李汉铃. 系统系统工程实用教程[M]. 哈尔滨: 哈尔滨工业大学出版社, 1997.

[51] 平湖. 基于构件的软件复用在软件企业中的实现模型[J]. 计算机工程, 2002, 28(11): 265-267.

[52] 王洁玉, 魏志强, 李琦. 软件复用经济学模型比较[J]. 计算机工程与设计, 2005, 26(3): 758-760.

[53] SENTA Fowler Chmiel. An Integrated Cost Model for Soft 2 ware Reuse [R]. Limenrick : Proceedings from ICSE 2000Conference , 2000.

[54] Hooper J W, Chester R O. Software Reuse: Guidelines and Methods[M]. New York: Plenum Press, 1991.

[55] 王志坚, 费玉奎, 娄渊清. 软件构件及其应用[M]. 北京: 科学出版社, 2005.

[56] 艾萍. 构件柔性组装描述的形式化方法研究及其在水利领域的应用[M]. 南京：河海大学, 2003.

[57] 姚万军, 李永刚. 可复用构件模型探讨[J]. 情报指挥控制系统与仿真技术, 2004, 26(2): 65-71.

[58] 张文娟, 赵俊峰, 谢冰, 等. 一种支持变化性的构件模型 JBCOM/E[J]. 电子学报, 2003, 31(6): 900-902.

[59] 卢炎â, 查虎平, 徐丽平. PCCM: 具有性能约束的构件模型[J]. 计算机科学, 2004, 31(5): 89-92.

[60] 李雄, 张友生. 构件运算的完整性证明及性质[J]. 计算机工程和应用, 2006, 23: 24-26.

[61] 任洪敏, 钱乐秋. 构件组装及形式化推导研究[J]. 软件学报, 2003, 14(6): 1067-1074.

[62] Ann Navarro, Chuck White, Linda Burman. XML 从入门到精通[M]. 周生炳, 宋浩, 等译. 北京: 电子工业出版社, 2008.

[63] 王晓光, 冯耀东, 梅宏. ABC/ADL: 一种基于 XML 的软件体系结构描述语言[J]. 计算机研究与发展, 2004, 41(9): 1521-1531.

[64] 王玉清, 金晓民. XML 技术及其与其它语言的比较[J]. 内蒙古大学学报, 2004, 35(5): 588-592.

[65] 曾春平, 王超, 张鹏. XML 编程从入门到精通[M]. 北京: 北京希望电子出版社, 2002.

[66] Altova GmbH. Altova XMLSpy Tutorial[Z]. 2005.

[67] 姜振东. 仿真理论与技术[M]. 北京: 装备指挥技术学院, 2003.

[68] 胡晓峰, 罗批. 战争复杂系统建模与仿真[M]. 北京: 国防大学出版社, 2005.

[69] Will Tracz. Domain-specific software architecture (DSSA) frequentlyasked questions (FAQ)[J]. Software Engineering Notes, 1994, 19(2): 52-56.

[70] Prieto-diaz Ruben. Domain Analysis: An Introduction[J]. Software Engineering Notes, 1990, 10(3): 61-66.

[71] 李克勤, 陈兆良, 梅宏, 等. 领域工程概述[J]. 计算机科学, 1999, 26(5): 21-25.

[72] Kang K C, Cohen S G, Hess J A, et al. A spencer peterson: feature-oriented domain analysis (FODA) feasibility study[R]. CMU/SEI-90-TR-21, 1990.

[73] Tracz W, Coglianese L. Domain-Specific software architecture engineering process guidelines , Version 2. 1[Z]. ADAGE-IBM-92-02B, 1994.

[74] Gomaa H. An object-oriented domain analysis and modeling method for software reuse[C]// Proceedings of the Hawaii: International Conference on System Science. Hawaii: IEEE Computer Society, 1992.

[75] Weiss D M. Family-Oriented abstraction, specification, and translation[C]//The FAST Process, Keynote Talk at Computer Assurance Conference (COMPASS), 1996.

[76] 王千祥, 吴琼, 李克勤, 等. 一种面向对象的领域工程方法[J]. 软件学报, 2002, 13(10): 1977-1984.

[77] Arango G, Prieto-Diaz R. Domain analysis: Concepts and research directions[M]. Washington: IEEE Computer Society Press, 1989.

[78] STARS. Organization domain modeling (ODM) volume1-conceptual foundations, process and workproduct descriptions, Version0. 5[Z]. STARS-UC-05156/024/00, 1993.

[79] Hayes-Roth. Architecture-based acquisition and development of software: Guidelines and recommendations from the ARPA domain-specific software architecture (DSSA) program [Z]. Palo Alto, CA: Teknowledge Federal Systems, 1994.

[80] Holibaugh Robert. Joint integrated avionics working group(JIAWG) object-oriented domain analysis method (JODA)

version3. 1[Z]. CMU/SEI-92-SR-3, 1993.

[81] Maymir-Ducharme F, Krut. Varying domain engineering approa-ches-business case perspectives[C]//Proceedings of Reuse96, Morgantown, 1996.

[82] Prieto-Diaz, Wartik S. Criteria for comparing reuse-oriented domain analysis approaches[J]. International Journal of Software Engineering and Knowledge Engineering, 1992, 2(3): 403-431.

[83] 李明树, 王青. 需求工程研究现状[J]. 中国计算机用户, 1999, 12: 27, 28.

[84] 陈建明. 软件需求工程及其发展[J]. 装甲兵工程学院学报, 2003, 17(3): 66-69.

[85] 冯建华, 周立柱. 数据库系统设计与原理[M]. 北京: 清华大学出版社, 2004.

[86] RIG. Basic Interoperability Data Model, Technical Report, RPS-0001[R], Reuse Library Interoperability Group, 1993.

[87] RIG. Uniformdat model for reuse libraries(UDM). RPS0002[R], Reuse Library Interoperability Group, 1994.

[88] Berggren P. Library Interoperability Demonstration[C]//Proceedings of the DARPA Software Technology Conference, 1993.

[89] NATO. NATO standard for developing reusable software components. Vol. 1 of 3 volumes[Z], NATO contact number CO 5957 ADA, 1991.

[90] NATO. NATO standard for management of a reusable software component library. Vol. 2 of 3 volumes[Z], NATO contact number CO 5957 ADA, 1991.

[91] NATO. NATO standard for software reuse procedures. Vol. 3 of 3 volumes[Z], NATO contact number CO 5957 ADA, 1991.

[92] 常继传, 梅宏. STARS 开放体系结构的可复用构件库框架[J]. 计算机科学, 1999, 26(5): 31-40.

[93] STARS. Asset Library Open Architecture Framework Version 1. 2[Z]. STARS-TC-04041/001/02, 1992.

[94] 张海飞, 袁磊, 夏宽理. 构件库功能集模型[J]. 计算机工程, 2001, 26(11): 87-90.

[95] Xu Zheng-quan. Approaches to software reuse and related techniques[M]. Wuhan: Huazhong University of Scienceand Technology Press, 2002.

[96] 王渊峰, 朱三元, 钱乐秋. 对复用构件库体系结构的几点研究[J]. 小型微型计算机系统, 2002, 23(2): 129-132.

[97] 曾艳丽. 电子战仿真模型构件库的研究与设计[J]. 中国电子科学研究院学报, 2006, 1(2): 190-193.

[98] 王宁, 陈滢, 俞本权, 等. 一个基于 CORBA 的异构数据源集成系统的设计[J]. 软件学报, 1998, 9(5): 378-382.

[99] 潘慧芳, 周兴社, 杨志义. 基于 CORBA 的消息中间件的设计与实现[J]. 计算机工程, 2004, 30(7): 60-61.

[100] 姚全珠, 李献令, 孟丽. 基于 XML 的构件库管理框架的研究与实现[J]. 计算机工程与应用, 2006, 21: 78-80.

[101] 徐如志, 钱乐秋, 程建平, 等. 基于 XML 的软件构件查询匹配算法研究[J]. 软件学报, 2003, 14(7): 1195-1202.

[102] Frakes W B, Pole T P. An Enpirical Study of Representation Methods for Reusable Software Components[J]. IEEE Transactions on Software Engineering, 1994, 20(8): 617-630.

[103] Atkinson S. A Unifying Model for Retrieval from Reusable Software Libraries[R]. The University of Quessnsland, 1995.

[104] Atkinson S, Duke R. Behavioural Retrieval from Class Libraries[J]. Australian Computer Scinece Communications, 1995, 17(1): 13-20.

[105] Podgurski A, Pierce L. Behaviour Sampling: A Technique for Automated Retrieval of Reusable Components[C]//Proc. of the 14th Intl. Conf. on Software Engineering, 1992: 349-360.

[106] Mili A, Mili R, Mittermeir R. Storing ang Retrieving Software Components: A Refinement Based System[C]//Proc. 16th ICSE, IEEE Computer Society Press, 1994: 91-100.

[107] 李立纲, 潘力, 刘广宇. 基于构件的 HLA 系统开发[J]. 计算机仿真, 2005, 22(5): 124-128.

[108] DMSO. High Level Architecture Rules, Vresion 1. 3[Z]. 1998.

[109] DMSO. High Level Architecture Interface Specification, Vresion 1. 3[Z]. 1998.

[110] DMSO. High Level Architecture Object Model Template Specification, Vresion 1. 3[Z]. 1998.

[111] Gustavson P L. BOM Study Group. BOM Study Group Final Report[Z/OL]. [2017-11-10]. http: //www. siso. org.

[112] DMSO. Federation Development and Execution Process Model, Version 1. 5[Z]. 1999.

[113] Gustavson Paul L, et al. Base Object Models(BOMs): Reusable Component Objects for Federation Development [Z]. 98F-SIW-034 Fall 98 Simulation Interoperability Workshop, 1998.

[114] Gustavson P L, et al. The Base Object Model (BOM) Primer: A Distilled Look at a Component Reuse Methodology for Simulation Interoperability [Z]. 01S-SIW-086 Spring 01 Simulation Interoperability Workshop, 2001.

[115] SISO BOM SG. BOM Methodology Strawman (BMS) Specification, Version 0. 6 [Z]. 2001.

[116] DMSO, High Level Architecture Run-Time Infrastructure RTI 1. 3-Next Generation Programmer's Guide[Z], 1999.

[117] 冯润明, 黄柯棣. HLA 联邦成员软件开发环境研究[J]. 系统仿真学报, 2001, 13(3): 267-270.

[118] 龚建兴. KD-FedWizard 用户使用手册[Z]. 长沙：国防科学技术大学机电工程与自动化学院军用仿真技术室, 2003.

[119] Deborah Wilbert. A Tool for Configuring FOM Agility [EB/OL]. [2017-11-10]. http: //www. sisostds. org.

[120] Carl Byers, Lily Lam. TRAXX: An Extensible Federation Development Framework to Support HLA Compliant Federation Implementation [EB/OL]. [2017-11-10]. http: //www. sisostds. org.

[121] 谷烽, 姜云飞, 毛明志. 软件过程模型回顾与分析[J]. 现代计算机, 2005, 211: 28-30.

[122] 张友生, 李雄. 软件开发模型研究综述[J]. 计算机工程与应用, 2006, 3: 109-115.

[123] 黄柳青. 面向构件软件过程概述[J]. 程序员, 2006, 6: 134-135.

[124] 黄柳青. 面向构件软件过程需求阶段[J]. 程序员, 2006, 8: 166-167.

[125] 黄柳青. 面向构件软件过程分析与高层设计[J]. 程序员, 2006, 9: 134-135.

[126] 黄柳青. 面向构件软件过程并行与测试[J]. 程序员, 2006, 10: 134-135.

[127] 黄柳青. 面向构件软件过程提交、发布与部署[J]. 程序员, 2006, 11: 134-135.

[128] 陈章, 陈志刚. 程序挖掘中的构件组装技术[J]. 计算机工程, 2005, 31(5): 85-87.

[129] 张世琨, 张文娟. 基于软件体系结构的可复用构件制作和组装[J]. 软件学报, 2001, 12(9): 1351-1359.

[130] 艾萍. 软件构件组装基础研究进展[J]. 计算机工程与设计, 2003, 24(12): 6-12.